Histoires Courtes en Lituanien

Apprendre l'Lituanien facilement en lisant des histoires courtes

Lina Andris

Contenu

Introduction

Lire dans une langue étrangère est l'un des moyens les plus efficaces d'améliorer ses compétences linguistiques et d'enrichir son vocabulaire. Cependant, il est parfois difficile de trouver des supports de lecture attrayants, d'un niveau approprié, qui procurent un sentiment de réussite et de progrès. La plupart des livres et articles écrits pour des locuteurs natifs peuvent être trop longs et difficiles à comprendre ou contenir un vocabulaire de très haut niveau, de sorte que vous vous sentez dépassé et abandonnez. Si ces problèmes vous sont familiers, alors ce livre est pour vous !

Histoires Courtes en Lituanien est une collection de 25 histoires courtes non conventionnelles et divertissantes qui sont conçues pour aider les apprenants de niveau débutant à intermédiaire Lituanien à améliorer leurs compétences linguistiques.

Ces histoires courtes créent un environnement propice à la lecture en incluant ;

- Un contenu linguistique riche dans différents genres pour vous divertir et vous exposer à une variété de formes de mots.
- Des histoires plus courtes en chapitres pour vous donner la satisfaction de terminer des histoires et de progresser rapidement.
- Des textes écrits à votre niveau afin qu'ils soient plus facilement compréhensibles et ne vous dépassent pas.
- Traduction française sur des pages alternées afin que vous puissiez vous y référer directement ligne par ligne tout en lisant l'histoire Lituanien.
- Le vocabulaire clé est imprimé en gras tout au long

de l'histoire et de la traduction pour vous aider à comprendre plus facilement les mots qui ne vous sont pas familiers.

- Des questions de compréhension pour tester votre compréhension des événements clés et vous encourager à lire plus en détail.

Que vous souhaitiez enrichir votre vocabulaire, améliorer votre compréhension ou simplement lire pour le plaisir, ce livre est le plus grand pas en avant que vous ferez dans vos études cette année. Histoires Courtes en Lituanien vous apportera tout le soutien dont vous avez besoin, alors asseyez-vous, détendez-vous et laissez libre cours à votre imagination en vous laissant transporter dans un monde magique d'aventures, de mystères et d'intrigues - en Lituanien!

Comment utiliser ce livre

La lecture est un talent difficile à maîtriser. Nous utilisons toute une série de micro-compétences pour nous aider à lire dans notre langue maternelle. Par exemple, nous pouvons parcourir un passage pour en comprendre le sens, ou l'essentiel. Nous pouvons aussi passer au peigne fin les nombreuses pages d'un horaire de train à la recherche d'une heure ou d'un lieu précis. Si ces micro-compétences sont une seconde nature lorsque nous lisons dans notre langue maternelle, les recherches révèlent que nous en oublions souvent la plupart lorsque nous lisons dans une langue étrangère. Lorsque nous apprenons une langue étrangère, nous commençons généralement par le début d'un texte et le parcourons en essayant de comprendre chaque mot. Inévitablement, nous rencontrons des termes peu familiers ou complexes et nous sommes gênés par notre incapacité à les comprendre.

L'un des principaux avantages de la lecture dans une langue étrangère est que vous êtes exposé à un grand nombre de phrases et d'expressions utilisées dans des situations quotidiennes. La lecture extensive est un terme utilisé pour décrire la lecture pour le plaisir dans le but d'apprendre une langue. En d'autres termes, la lecture approfondie de manuels scolaires aide généralement à l'apprentissage des règles de grammaire et d'un vocabulaire particulier, mais la lecture extensive d'histoires aide à l'apprentissage du langage naturel.

Histoires Courtes en Lituanien vous donnera l'occasion d'en apprendre davantage sur la langue naturelle Lituanien en usage, même si vous avez peut-être commencé votre voyage d'apprentissage des langues uniquement avec des manuels. Voici quelques conseils à garder à l'esprit lorsque vous lirez les histoires de ce livre pour en tirer le meilleur parti : Lorsqu'il s'agit de lire, le plaisir et le sentiment d'accomplissement sont essentiels. Vous en redemandez parce que vous aimez ce que vous lisez. Lire chaque histoire du début à la fin est la meilleure méthode pour prendre plaisir à lire des histoires et se sentir accompli. Par conséquent, la chose la plus cruciale est d'arriver à la fin d'une histoire. C'est en fait plus important que de connaître chaque mot.

Plus vous lisez, plus vous acquerrez de connaissances. Vous aurez rapidement une connaissance du fonctionnement de la Lituanien si vous lisez de gros livres pour le plaisir. Cependant, gardez à l'esprit que pour tirer tous les bénéfices d'une lecture extensive, vous devez d'abord lire un volume suffisamment important. Lire quelques pages ici et là peut vous apprendre quelques nouveaux mots, mais cela ne fera pas une différence significative dans votre niveau global de Lituanien.

Acceptez le fait que vous ne comprendrez pas tout ce que vous lisez dans un roman. C'est, sans aucun doute, le point le plus crucial ! N'oubliez jamais que le fait de ne pas comprendre tous les mots ou toutes les phrases est tout à fait acceptable. Cela ne signifie pas que vos compétences linguistiques sont insuffisantes ou que vos résultats sont médiocres. Cela indique que vous participez activement au processus d'apprentissage.

Guide de lecture

Afin de tirer le meilleur parti de la lecture d'Histoires Courtes en Lituanien, il est préférable que vous suiviez ce processus de lecture simple en six étapes pour chaque chapitre des histoires :

1. Lisez le titre du chapitre. Réfléchissez à ce que pourrait être le sujet de l'histoire. Puis lisez l'histoire jusqu'au bout. Votre objectif est simplement d'atteindre la fin de l'histoire. Par conséquent, ne vous arrêtez pas pour chercher des mots et ne vous inquiétez pas s'il y a des choses que vous ne comprenez pas. Essayez simplement de suivre l'intrigue.

2. Lorsque vous arrivez à la fin de l'histoire, parcourez la traduction française pour voir si vous avez compris ce qui s'est passé et reprenez tout contexte qui vous aurait échappé.

3. Revenez en arrière et relisez la même histoire. Si vous le souhaitez, vous pouvez vous concentrer davantage sur les détails de l'histoire qu'auparavant, mais sinon, lisez-la simplement une fois de plus.

4. Ensuite, répondez aux questions de compréhension en Lituanien pour vérifier votre compréhension des événements clés de l'histoire. Si vous ne comprenez pas entièrement les questions, ne vous inquiétez pas. Utilisez vos connaissances pour répondre du mieux que vous pouvez.

5. A ce stade, vous devriez avoir une certaine compréhension des principaux événements du chapitre. Si ce n'est pas le cas, vous pouvez relire le chapitre

plusieurs fois en utilisant la traduction pour vérifier les mots et les phrases inconnus jusqu'à ce que vous vous sentiez en confiance.

Une fois que vous êtes prêt et sûr d'avoir compris ce qui s'est passé - que ce soit après une ou plusieurs lectures de l'histoire - passez à l'histoire suivante et continuez à apprécier l'histoire à votre propre rythme, comme vous le feriez pour n'importe quel autre livre.

Ce n'est qu'une fois que vous avez terminé une histoire dans son intégralité que vous pouvez envisager de revenir en arrière et d'étudier le langage de l'histoire plus en profondeur si vous le souhaitez. Au lieu de vous inquiéter de tout comprendre, prenez le temps de vous concentrer sur ce que vous avez compris et de vous féliciter pour tout ce que vous avez fait.

Histoires Courtes
en Lituanien

Lina Andris

Vilnius

Vilnius, Lietuvos sostinė, yra **gražus** miestas su turtinga istorija. Įkurtas XIII a., per šimtmečius jis patyrė daugybę pokyčių. Šiandien Vilnius - modernus Europos miestas, kuriame gyva kultūra ir yra ką pamatyti bei nuveikti. Vienas iš geriausių dalykų Vilniuje yra jo senamiestis. Šiame į UNESCO pasaulio paveldo sąrašą įtrauktame senamiestyje gausu viduramžių **architektūros** ir grįstų gatvelių. Čia taip pat yra keletas populiariausių miesto lankytinų vietų, įskaitant Katedros aikštę, Gedimino bokštą ir Šv. Jei Vilniuje ieškote ko nors kito, kodėl gi nevažiavus į Uupį? Šis keistas rajonas turi savo konstituciją ir net savo **vėliavą**! Jis taip pat garsėja kaip menininkų kolonija, todėl čia gausu galerijų ir studijų, kurias galima apžiūrėti. Jokia kelionė į Vilnių nebūtų pilna, jei neparagautumėte vietinės **virtuvės patiekalų**.

Lietuva garsėja tamsia rugine duona ir **gardžiais** šaltibarščiais. Čia taip pat rasite daug tradicinių patiekalų, tokių kaip koldūnai, burokėlių sriuba ir silkė grietinėje. Ir, žinoma, joks valgis neapsieina be šlakelio (ar dviejų!) lietuviškos degtinės! Kalbant apie naktinį gyvenimą, Vilniuje kiekvienas ras ką nors sau. Nuo jaukių barų, kuriuose galima paragauti vietinio alaus, iki gyvybingų klubų, kuriuose skamba visi naujausi hitai - čia turėsite iš ko rinktis. Tad ko laukiate? Užsisakykite

Vilnius

Vilnius, la capitale de la Lituanie, est une **belle** ville à l'histoire riche. Fondée au 13e siècle, elle a connu de nombreux changements au fil des siècles. Aujourd'hui, Vilnius est une ville européenne moderne avec une culture dynamique et beaucoup de choses à voir et à faire. L'une des plus belles choses de Vilnius est sa vieille ville. Ce site classé au patrimoine mondial de l'UNESCO regorge d'**architecture** médiévale et de rues pavées. Elle abrite également certaines des attractions les plus populaires de la ville, notamment la place de la cathédrale, la tour Gediminas et l'église Sainte-Anne. Si vous cherchez quelque chose de différent à faire à Vilnius, pourquoi ne pas vous rendre à Uupis ? Ce quartier excentrique a sa propre constitution et même son propre **drapeau** ! Il est également connu pour être une colonie d'artistes, et il y a donc de nombreuses galeries et studios à explorer. Un voyage à Vilnius ne serait pas complet sans une dégustation de la **cuisine** locale.

La Lituanie est connue pour son pain de seigle foncé et ses **délicieuses** viandes froides. Vous trouverez également de nombreux plats traditionnels tels que les boulettes, la soupe de betteraves et le hareng à la crème aigre. Et bien sûr, aucun repas n'est **complet** sans un verre (ou deux !) de vodka lituanienne ! En ce

bilietus į Vilnių jau šiandien! Vos atvykęs į Vilnių supratau, kad tai bus **ypatinga** kelionė. Mieste buvo kažkas magiško. Pažintį su Vilniumi pradėjau nuo **senamiesčio**.

Vaikščiojant po Katedros **aikštę** ir grožintis nuostabia architektūra buvo lengva įsivaizduoti, koks gyvenimas čia būtų buvęs prieš kelis šimtmečius. Netgi teko skambinti Šv. Anos bažnyčios varpu - tai tikrai privertė mane pasijusti **turistu**! Po to nuvykau į Uupį papietauti. Šis rajonas pasižymi tokia unikalia atmosfera - čia tikrai nėra nieko panašaus į tai, kur dar nesu buvęs. Maistas čia taip pat nenuvylė: lietuviški **koldūnai** yra labai skanūs! Vėliau nusprendžiau patyrinėti Vilniaus naktinį gyvenimą. Pirmoji mano stotelė buvo jaukus baras "Kablys", kuriame paragavau vietinio alaus. Tada nuėjau į vieną iš miesto klubų pašokti - tai, kas man tikrai nėra natūralu! Tačiau, nepaisant **ritmo** stokos, nuostabiai praleidau laiką tyrinėdama viską, ką Vilnius gali pasiūlyti sutemus.

qui concerne la vie nocturne, Vilnius a de quoi satisfaire tout le monde. Des bars accueillants où l'on sert de la bière artisanale locale aux clubs animés où l'on joue les derniers tubes, vous n'aurez que l'**embarras du** choix. Alors qu'attendez-vous ? Réservez vos billets pour Vilnius dès aujourd'hui ! Dès que je suis arrivée à Vilnius, j'ai su que ce voyage allait être **spécial**. Il y avait quelque chose dans cette ville qui était tout simplement magique. J'ai commencé mon exploration de Vilnius dans la vieille **ville**.

En me promenant sur la **place de** la cathédrale et en admirant la belle architecture, il était facile d'imaginer ce qu'aurait été la vie ici il y a des siècles. J'ai même pu sonner la cloche de l'église Sainte-Anne, une expérience qui m'a donné l'impression d'être une **touriste** ! Ensuite, je me suis rendue à Uupis pour déjeuner. Ce quartier a une atmosphère tellement unique - il ne ressemble vraiment à aucun autre endroit où je suis allée auparavant. La nourriture ici n'a pas déçu non plus ; les **boulettes** lituaniennes sont délicieuses ! Plus tard, j'ai décidé d'explorer la vie nocturne de Vilnius. Mon premier arrêt a été un bar confortable appelé "Kablys", où j'ai goûté de la bière artisanale locale. Ensuite, je me suis rendue dans l'un des clubs de la ville pour danser - ce qui n'est pas naturel pour moi ! Mais malgré mon manque de **rythme**, j'ai passé un excellent moment à explorer tout ce que Vilnius a à offrir à la nuit tombée.

Supratimo klausimai

1. Kokia yra Lietuvos sostinė?

2. Kuo garsėja Vilniaus senamiestis?

3. Kas yra Uupis?

4. Kokie yra tradiciniai lietuviški patiekalai?

5. Kas yra Kablys?

6. Kaip autorius jautėsi Vilniuje, kai atvyko?

7. Apie ką autorius galvoja apie Vilniaus senamiestį?

8. Kokia buvo pirmoji autoriaus stotelė Vilniuje?

9. Ką autorius mano apie Uupį?

10. Kas autoriui labiausiai patiko Vilniuje?

Questions de compréhension

1. Quelle est la capitale de la Lituanie ?

2. Quelle est la réputation de la vieille ville de Vilnius ?

3. Qu'est-ce qu'Uupis ?

4. Quels sont les plats traditionnels lituaniens ?

5. Qu'est-ce que Kablys ?

6. Que pensait l'auteur de Vilnius à son arrivée ?

7. A quoi la vieille ville de Vilnius fait-elle penser à l'auteur ?

8. Quelle a été la première étape de l'auteur à Vilnius ?

9. Que pense l'auteur d'Uupis ?

10. Quel est l'aspect de Vilnius que l'auteur a préféré ?

Cepelinai

Šįvakar turėjau nuotaiką pasigaminti kažką kitokio, todėl nusprendžiau pabandyti pasigaminti cepelinus. Niekada anksčiau nebuvau girdėjusi apie šį lietuvišką patiekalą, bet skambėjo intriguojančiai. Šiek tiek pasidomėjusi sužinojau, kad tai **bulvių** koldūnai, įdaryti mėsa ir patiekiami su grietinės padažu. Susižavėjusi ėmiausi gaminti savo **versiją**. Pirmiausia reikėjo pagaminti bulvinius koldūnus. Tai pasirodė sunkiau, nei tikėjausi, nes tešla buvo labai lipni ir sunkiai apdirbama. Po kelių nesėkmingų bandymų man pagaliau pavyko juos suformuoti ir išvirti, kol jie **išvirė**. Toliau sekė **įdaras**. Tai vėlgi buvo sunkiau, nei tikėjausi, nes man sunkiai sekėsi pasiekti, kad maltos mėsos **mišinys** išliktų koldūnų odelėje.

Tačiau galiausiai viskas puikiai pavyko ir jie buvo **skanūs**! Galiausiai ant viršaus buvo užtepta grietinės - tai juos pavertė visiškai nuostabiais! Buvau taip patenkinta, kaip man pavyko cepelinai, kad nusprendžiau jais pasidalyti su **draugais**. Jie visi buvo labai sužavėti ir norėjo sužinoti, iš kur išmokau pagaminti tokį skanų patiekalą. Kai papasakojau, kad tai iš Lietuvos, jie buvo dar labiau suintriguoti ir uždavinėjo man daugybę **klausimų** apie šią šalį ir jos maistą. Buvo smagu, kad galėjau su jais pasidalyti kažkuo

Cepelinai

J'avais envie de quelque chose de différent **ce soir**, alors j'ai décidé d'essayer de préparer des cepelinai. Je n'avais jamais entendu parler de ce plat lituanien auparavant, mais il avait l'air intrigant. Après avoir fait quelques recherches, j'ai découvert qu'il s'agissait de boulettes de **pommes de terre** farcies de viande et servies avec une sauce à la crème aigre. Intriguée, je me suis mise à faire ma propre **version**. La première étape consistait à préparer les boulettes de pommes de terre. Cela s'est avéré plus difficile que prévu, car la pâte était très collante et difficile à travailler. Après plusieurs tentatives infructueuses, j'ai finalement réussi à leur donner une forme et à les faire bouillir jusqu'à ce qu'elles soient bien **cuites**. Vient ensuite la **garniture**. Encore une fois, cela s'est avéré plus difficile que prévu car j'ai eu du mal à faire en sorte que le **mélange de** viande hachée reste à l'intérieur de la peau des boulettes pendant la cuisson.

Mais au final, tout s'est parfaitement déroulé et ils étaient **délicieux** ! La touche finale a été l'ajout d'une cuillerée de crème aigre sur le dessus, ce qui les a rendus absolument incroyables ! J'étais tellement contente de mes cepelinai que j'ai décidé de les partager avec mes **amis**. Ils étaient tous très

tokiu ypatingu, ir visi sutarėme, kad netrukus turėsime
vėl **susitikti ir surengti** kitą lietuvišką šventę! Nuo
to pirmojo vakaro tapau savotišku cepelinų ekspertu.
Eksperimentavau su įvairiais įdarais ir padažais, ir
visiems, kurie jų paragauja, jie visada patinka.

Netgi tapo savotiška tradicija, kad mano draugai, kai
jiems norisi ko nors **kito,** užsuka pas mus lietuviško
maisto. Labai džiaugiuosi, kad nusprendžiau pabandyti
pagaminti cepelinus - jie neabejotinai tapo vienu
mėgstamiausių mano patiekalų! Vieną dieną buvau
pakviesta į lietuviško **maisto gaminimo** pamoką.
Ten sužinojau dar daugiau apie šį nuostabų patiekalą
ir apie tai, kaip kiekvieną kartą jį tobulai pagaminti.
Virtuvės šefas taip pat pasidalijo keliomis savo
paslaptimis, kurias dabar įtraukiau į savo **receptus.**
Su pasididžiavimu galiu pasakyti, kad mano cepelinai
dabar yra geriausi mieste - ir **visi** tai žino!

impressionnés et voulaient savoir où j'avais appris à faire un plat aussi délicieux. Lorsque je leur ai dit qu'il venait de Lituanie, ils étaient encore plus intrigués et m'ont posé toutes sortes de **questions** sur le pays et sa cuisine. C'était génial de pouvoir partager quelque chose de si spécial avec eux, et nous avons tous convenu que nous devrions **nous** retrouver bientôt pour un autre festin lituanien ! Depuis cette première soirée, je suis devenue une sorte d'experte en cepelinai. J'ai **expérimenté** différentes garnitures et sauces, et tous ceux qui les ont essayés les ont toujours adorés.

C'est même devenu une sorte de tradition pour mes amis de venir manger de la nourriture lituanienne quand ils ont envie de quelque chose **de différent**. Je suis si heureuse d'avoir décidé d'essayer de faire des cepelinai - c'est définitivement devenu l'un de mes plats préférés ! Un jour, j'ai été invitée à un cours de **cuisine** lituanienne. C'est là que j'ai appris encore plus sur ce plat étonnant et comment le préparer parfaitement à chaque fois. Le chef a également partagé certains de ses propres secrets, que j'ai désormais intégrés à mes propres **recettes**. Je suis fière de dire que mes cepelinai sont maintenant les meilleurs de la ville - et **tout le monde** le sait !

Supratimo klausimai

1. Kas yra lietuviškas patiekalas cepelinai?

2. Iš ko pagaminti cepelinai?

3. Kaip tradiciškai patiekiami cepelinai?

4. Kokia buvo autoriaus patirtis gaminant cepelinus pirmą kartą?

5. Kodėl autorės draugai buvo sužavėti, kai ji jiems pagamino cepelinų?

6. Kas atsitiko su autorės cepelinų gamyba nuo tada, kai ji pirmą kartą pabandė juos gaminti?

7. Ką autorė sužinojo apie cepelinus lietuvių maisto gaminimo pamokoje?

8. Kaip virėjo paslaptys pakeitė paties autoriaus receptus?

9. Kuo dabar laikomi autoriaus cepelinai?

10. Ką autorius apskritai mano apie cepelinus?

Questions de compréhension

1. Qu'est-ce que le plat lituanien cepelinai ?

2. De quoi sont faits les cepelinai ?

3. Comment les cepelinai sont-ils traditionnellement servis ?

4. Quelle a été l'expérience de l'auteur en faisant du cepelinai pour la première fois ?

5. Pourquoi les amis de l'auteur ont-ils été impressionnés lorsqu'elle leur a préparé des cepelinai ?

6. Qu'est devenue la fabrication de cepelinai de l'auteur depuis qu'elle a essayé pour la première fois ?

7. Qu'est-ce que l'auteur a appris sur les cepelinai lors du cours de cuisine lituanien ?

8. Comment les secrets du chef ont-ils modifié les propres recettes de l'auteur ?

9. Quel est le cepelinai de l'auteur considéré maintenant ?

10. Que pense l'auteur du cepelinai en général ?

Trakų istorinis nacionalinis parkas

Už horizonto besileidžianti saulė dangų nuspalvino gražiu **oranžiniu** atspalviu. Paukščiai giedojo, o pro medžius švelniai pūtė vėjelis. Tai buvo puikus vakaras pasivaikščiojimui po Trakų istorinį nacionalinį parką. Pradėjau leistis vienu iš takų, eidamas grožėjausi kraštovaizdžiu. Parkas kupinas **istorijos, jame** galima pamatyti daug įdomių dalykų. Netrukus priėjau senus pilies griuvėsius ir sustojęs trumpam juos apžiūrėjau. Vaikštinėdamas aplinkui negalėjau atsikratyti jausmo, kad kažkas mane **stebi.** Atsigręžiau, bet ten niekas nebuvo.

Nusikvatojęs tęsiau kelionę. Tačiau po kelių minučių vėl pajutau tą patį jausmą - tarsi kažkas mane sektų. Šį kartą, kai atsigręžiau, pamačiau figūrą, stovinčią šešėlyje tarp dviejų medžių. Negalėjau patikėti savo akimis. Kas buvo tas mane sekantis **asmuo?** Ir kodėl? Pradėjau eiti greičiau, bet figūra neatsiliko nuo manęs. Kaskart, kai atsigręždavau, ji buvo ten ir stebėjo mane. Galiausiai nebeišlaikiau ir pradėjau bėgti. Bet kad ir kaip greitai bėgčiau, figūra visada liko man **iš paskos.** Atrodė, kad ji žaidžia su manimi žaidimą, persekioja mane per mišką kaip grobį. Širdis **daužėsi** krūtinėje, o

Parc national historique de Trakai

Le soleil se couchait à l'horizon, donnant au ciel une belle teinte **orangée**. Les oiseaux chantaient et la brise soufflait doucement dans les arbres. C'était une soirée parfaite pour une promenade dans le parc national historique de Trakai. J'ai commencé à descendre l'un des sentiers, admirant le paysage au fur et à mesure. Le parc est rempli d'**histoire**, et il y a tant de choses intéressantes à voir. Je suis rapidement tombée sur les ruines d'un vieux château et je me suis arrêtée pour les explorer un moment. Alors que je me promenais, je ne pouvais m'empêcher de penser que quelqu'un m'**observait**. Je me suis retourné, mais il n'y avait personne.

En haussant les épaules, j'ai continué mon chemin. Mais après quelques minutes, j'ai eu à nouveau cette même sensation - comme si quelqu'un me suivait. Cette fois, quand j'ai regardé en arrière, j'ai vu une silhouette debout dans l'ombre entre deux arbres. Je ne pouvais pas en croire mes yeux. Qui était cette **personne qui** me suivait ? Et pourquoi ? J'ai commencé à marcher plus vite, mais la silhouette suivait le même rythme que moi. Chaque fois que je me retournais, elle était là, à me regarder. Finalement, je n'en pouvais plus et

kai pasiekiau kitą parko pusę, jau buvau be kvapo. Ten buvo žmonių, ir akimirką pasijutau saugi... kol supratau, kad **figūra** sekė mane net iki čia.

Jis vis dar stovėjo šešėlyje ir įdėmiai stebėjo mane savo bauginančiu žvilgsniu. Nežinojau, ką daryti. Buvau apsuptas žmonių, bet vis tiek jaučiau, kad man gresia **pavojus**. Figūra nepajudėjo iš vietos ir atrodė, kad ji pasitenkina tiesiog stebėdama mane. Bet kodėl? Ko ji iš manęs norėjo? Staiga ji pradėjo judėti link manęs, ir aš supanikavau. Pasisukau bėgti, bet kažkas griebė mane iš **už nugaros** ir sulaikė. "Viskas gerai", - ramiai pasakė jie. "Nėra ko bijoti..." Bet kaip jie galėjo taip sakyti, kai figūra dabar stovėjo tiesiai priešais mus? Ji ištiesė **ranką, tarsi** norėdama paliesti mano veidą... Ir tada viskas tapo **juoda**.

j'ai commencé à courir. Mais peu importe la vitesse
à laquelle j'allais, la silhouette restait toujours juste
derrière moi. J'avais l'impression qu'elle jouait un jeu
avec moi, me traquant dans les bois comme une proie.
Mon cœur **battait** dans ma poitrine et j'étais à bout
de souffle lorsque j'ai atteint l'autre côté du parc. Il y
avait des gens là-bas, et je me suis sentie en sécurité
pendant un moment... jusqu'à ce que je réalise que la
silhouette m'avait suivie jusque là.

Il était toujours debout dans l'ombre, me regardant
intensément de son regard sinistre. Je ne savais pas
quoi faire. J'étais entouré de gens, mais j'avais toujours
l'impression d'être en **danger**. La silhouette n'avait
pas bougé de sa place, et elle semblait se contenter
de me regarder. Mais pourquoi ? Que voulait-elle de
moi ? Soudain, elle a commencé à se déplacer vers
moi, et j'ai paniqué. Je me suis retournée pour courir,
mais quelqu'un m'a attrapée par **derrière**, me retenant.
"C'est bon", ont-ils dit calmement. "Il n'y a rien à
craindre..." Mais comment pouvaient-ils dire ça alors
que la silhouette se tenait maintenant juste devant nous
? Elle a tendu une **main** comme pour toucher mon
visage... Et puis tout est devenu **noir**.

Supratimo klausimai

1. Ką veikėjas pastebi vaikščiodamas po parką?

2. Ką veikėjas daro, kai pirmą kartą pastebi jį sekančią figūrą?

3. Kodėl veikėjas jaučiasi esąs pavojuje?

4. Kaip veikėjas jaučiasi dėl figūros?

5. Ko, veikėjo manymu, veikėjas nori iš jo?

6. Kur figūra seka paskui veikėją?

7. Kaip veikėjas reaguoja, kai figūra prie jo priartėja?

8. Ką kitas asmuo sako veikėjui?

9. Ką veikia figūra, kai ji stovi priešais veikėją?

10. Kas atsitinka pagrindiniam veikėjui istorijos pabaigoje?

Questions de compréhension

1. Que remarque le protagoniste en se promenant dans le parc ?

2. Que fait le protagoniste lorsqu'il remarque pour la première fois la silhouette qui le suit ?

3. Pourquoi le protagoniste a-t-il l'impression d'être en danger ?

4. Comment le personnage fait-il ressentir ses émotions au protagoniste ?

5. Qu'est-ce que le protagoniste pense que la figure veut d'eux ?

6. Où le personnage suit-il le protagoniste ?

7. Comment le protagoniste réagit-il lorsque la silhouette s'approche d'eux ?

8. Que dit l'autre personne au protagoniste ?

9. Que fait le personnage lorsqu'il se trouve devant le protagoniste ?

10. Qu'arrive-t-il au protagoniste à la fin de l'histoire ?

Kuršių nerija

Kuršių nerija - tai ilgas ir plonas sausumos ruožas, išsikišęs į Baltijos jūrą. Čia yra unikali ekosistema ir **svarbi** migruojančių paukščių stotelė. Tačiau ši vieta taip pat turi tamsią istoriją. Šimtmečius nerijoje gyvenusius žmones nuo likusio pasaulio atkirto priešiškai nusiteikę kaimynai. Jie pragyveno iš žvejybos ir medžioklės, bet gyvenimas buvo sunkus. Vieną dieną viskas **pasikeitė**... Buvo ankstyvas rytas, kai jie atvyko. Iš pradžių kaimo gyventojai manė, kad tai tik dar viena **žvejų** grupė, atvykusi prekiauti prekėmis. Tačiau netrukus jie suprato, kad šie vyrai yra kitokie. Jie turėjo keistus ginklus ir šarvus, o jų laivai buvo tokie, kokių dar niekas niekada nebuvo matęs. Kaimo gyventojai bandė bėgti, bet buvo per vėlu - užpuolikai jau buvo išsilaipinę **krante**. Kelias dienas kaimas buvo apgultas, nes užpuolikai plėšė ir degino viską, kas pakliuvo į akis. Žmonės iš baimės glaudėsi savo namuose, o aplinkui viešpatavo **chaosas.**

Galiausiai, praėjus tarsi **amžinybei,** užpuolikai išėjo taip pat staiga, kaip ir atėjo, pasiimdami su savimi viską, kas vertinga, kas nebuvo prikalta (ir kai kuriuos daiktus, kurie buvo prikalti). Po griuvėsių išgyvenusieji pamažu išlindo iš savo slėptuvių. Jie apžvelgė viską aplinkui, jų širdys buvo sunkios iš **liūdesio**. Tačiau net

Isthme de Courlande

L'isthme de Courlande est une longue et mince bande de terre qui s'avance dans la mer Baltique. Elle abrite un écosystème unique et constitue une halte **importante** pour les oiseaux migrateurs. Mais c'est aussi un lieu chargé d'histoire. Pendant des siècles, les habitants de la langue de terre ont été coupés du reste du monde par des voisins hostiles. Ils vivaient de la pêche et de la chasse, mais la vie était dure. Et puis, un jour, tout a **changé**... C'était tôt le matin quand ils sont arrivés. Au début, les villageois ont pensé qu'il s'agissait d'un autre groupe de **pêcheurs** venus échanger des marchandises. Mais ils ont vite compris que ces hommes étaient différents. Ils avaient des armes et des armures étranges, et leurs bateaux ne ressemblaient à rien de ce que l'on avait vu auparavant. Les villageois ont essayé de fuir, mais il était trop tard - les envahisseurs avaient déjà débarqué sur le **rivage**. Pendant des jours, le village a été assiégé par les envahisseurs qui pillaient et brûlaient tout ce qu'ils voyaient. Les gens se sont blottis dans leurs maisons, effrayés, tandis qu'autour d'eux, le **chaos** régnait en maître.

Finalement, après ce qui a semblé être une **éternité**, les attaquants sont partis aussi soudainement qu'ils

ir šią tamsiausią valandą jie žinojo, kad turi eiti toliau. Todėl jie ryžtingai ėmėsi iš naujo kurti savo gyvenimus. Kuršių nerija - tai ilgas, plonas sausumos ruožas, įsiterpęs į Baltijos jūrą. Čia yra unikali ekosistema ir svarbi migruojančių paukščių stotelė. Tačiau ši vieta taip pat turi tamsią **istoriją**. Šimtmečius nerijoje gyvenusius žmones nuo likusio pasaulio atkirto **priešiškai nusiteikę** kaimynai. Jie pragyveno iš žvejybos ir medžioklės, bet gyvenimas buvo sunkus. Vieną dieną viskas pasikeitė. Kai jie atvyko, buvo ankstyvas rytas.

étaient venus, emportant avec eux tout ce qui n'était pas cloué (et quelques objets de valeur). Après la destruction, les survivants sont sortis lentement de leurs cachettes. Ils ont regardé tout ce qui les entourait, le coeur lourd de **tristesse**. Mais même dans cette heure la plus sombre, ils savaient qu'ils devaient continuer. Ainsi, avec détermination, ils ont commencé à reconstruire leurs vies une fois de plus. L'isthme de Courlande est une longue et mince bande de terre qui s'avance dans la mer Baltique. Elle abrite un écosystème unique et constitue une halte importante pour les oiseaux migrateurs. Mais c'est aussi un lieu chargé d'**histoire**. Pendant des siècles, les habitants de la langue de terre ont été coupés du reste du monde par des voisins **hostiles**. Ils vivaient de la pêche et de la chasse, mais la vie était dure. Et puis, un jour, tout a changé. C'était tôt le matin quand ils sont arrivés.

Supratimo klausimai

1. Kas yra Kuršių nerija?

2. Kokia tamsi Kuršių nerijos istorija?

3. Ką užpuolikai padarė kaimui?

4. Kaip kaimų gyventojai reagavo į invaziją?

5. Kodėl užpuolikai pasitraukė?

6. Ką išgyvenusieji darė po invazijos?

7. Kokia unikali Kuršių nerijos ekosistema?

8. Kokia Kuršių nerijos reikšmė migruojantiems paukščiams?

9. Koks yra Kuršių nerijos klimatas?

10. Kaip gyveno Kuršių nerijos gyventojai?

Questions de compréhension

1. Qu'est-ce que le cordon littoral de Courlande ?

2. Quelle est l'histoire sombre du cordon littoral de Courlande ?

3. Qu'est-ce que les envahisseurs ont fait au village ?

4. Comment les villageois ont-ils réagi à l'invasion ?

5. Pourquoi les envahisseurs sont-ils partis ?

6. Qu'ont fait les survivants après l'invasion ?

7. Quel est l'écosystème unique de l'isthme de Courlande ?

8. Quelle est l'importance du cordon littoral de Courlande pour les oiseaux migrateurs ?

9. Quel est le climat du cordon littoral de Courlande ?

10. Comment les personnes qui vivaient en Courlande gagnaient-elles leur vie ?

Amber

Gintarė vaikščiojo po mišką ir grožėjosi ją supančiu **grožiu,** kai staiga išgirdo triukšmą. Atrodė, kad kažkas verkia. Ji sekė paskui garsą, kol priėjo miškelį ir pamatė ant žemės sėdinčią ir verkiančią moterį. Amber priėjo prie jos ir paklausė, kas **nutiko**. Moteris su ašaromis akyse pažvelgė į Gintarę ir pasakė: "Mano vyras paliko mane dėl kitos moters". Aš jį taip mylėjau, o dabar jis išėjo. " Gintarui pasidarė gaila moters ir jis nusprendė kurį laiką pabūti su ja. Ji kalbėjosi su ja ir stengėsi, kad ji pasijustų geriau. Po kurio laiko **moteris** nustojo verkti ir padėkojo Gintarei, kad buvo su ja. Gintarė ir moteris susidraugavo ir dažnai susitikdavo miškelyje pasikalbėti. Vieną dieną joms **besikalbant** pasirodė moters vyras. Jis atėjo atsiprašyti už tai, ką padarė, ir prašė jos **atleidimo**.

Moteris iš pradžių dvejojo, bet po to, kai Amberis su ja pasikalbėjo, nusprendė suteikti jam dar vieną šansą. Visi trys kartu išėjo iš miško kirtavietės ir grįžo į moters namus. Gintarė buvo laiminga, kad galėjo padėti draugei vėl atrasti **laimę.** Po kelių mėnesių Gintarė miške susidūrė su moters vyru. Jis dar kartą padėkojo jai už tai, ką padarė, ir pasakė, kad jam ir jo žmonai sekasi kaip niekada gerai. Prieš eidami **skirtingais** keliais, jie kurį laiką kalbėjosi. Gintarė džiaugėsi, kad

Amber

Amber marchait dans la forêt, admirant la **beauté qui** l'entourait, quand elle a soudain entendu un bruit. On aurait dit que quelqu'un pleurait. Elle a suivi le bruit jusqu'à ce qu'elle arrive à une clairière et a vu une femme assise sur le sol, pleurant. Amber s'est approchée d'elle et lui a demandé ce qui **n'allait pas**. La femme a levé les yeux vers Amber avec des larmes dans les yeux et a dit : "Mon mari m'a quitté pour une autre femme". Je l'aimais tellement et maintenant il est parti. "Amber a eu pitié de cette femme et a décidé de rester avec elle un moment. Elle lui a parlé et a essayé de l'aider à se sentir mieux. Au bout d'un moment, la **femme a** cessé de pleurer et a remercié Amber d'avoir été là avec elle. Amber et la femme sont devenues amies et se retrouvaient souvent dans la clairière pour parler. Un jour, alors qu'elles **discutaient**, le mari de la femme est arrivé. Il était venu s'excuser pour ce qu'il avait fait et implorait son **pardon**.

La femme était hésitante au début, mais après qu'Amber lui ait parlé, elle a décidé de lui donner une autre chance. Tous les trois ont quitté la clairière ensemble et sont retournés à la maison de la femme. Amber était heureuse d'avoir pu aider son amie à retrouver le **bonheur**. Quelques mois plus tard, galėjo padėti savo draugei, bet taip pat džiaugėsi, kad ir pati susirado naują draugą. Gintarė **toliau** tyrinėjo mišką ir netrukus rado kitą kirtavietę. Ši buvo pilna gražių gėlių. Ji sustojo jomis pasigrožėti, kai vėl išgirdo **kažkieno** verksmą. Ji nusekė paskui garsą ir pamatė ant žemės sėdinčią ir verkiančią moterį. Moteris su ašaromis akyse pažvelgė į Amber ir pasakė: "Mano vyras paliko mane dėl kitos moters". Aš jį taip mylėjau, o dabar jis **išėjo**. "

Amber rencontra le mari de la femme dans la forêt. Il la remercia à nouveau pour ce qu'elle avait fait et lui dit que lui et sa femme allaient mieux que jamais. Ils ont bavardé un moment avant de partir **chacun de leur côté**. Amber est heureuse d'avoir pu aider son ami, mais elle est également heureuse de s'être fait un nouvel ami. Amber **continua à** explorer la forêt et trouva bientôt une autre clairière. Celle-ci était remplie de magnifiques fleurs. Elle s'arrêta pour les admirer quand elle entendit à nouveau **quelqu'un** pleurer. Elle suivit le son et trouva une femme assise sur le sol, pleurant. La femme a regardé Amber avec des larmes dans les yeux et a dit : "Mon mari m'a quitté pour une autre femme". Je l'aimais tellement et maintenant il est **parti**. "

Supratimo klausimai

1. Kokį triukšmą išgirdo Amberis?

2. Iš kur sklido triukšmas?

3. Kas buvo ta moteris, kurią rado Amberas?

4. Kas nutiko moteriai?

5. Kodėl Amber liko su ta moterimi?

6. Kaip moteris jautėsi po to, kai Amberis su ja pasikalbėjo?

7. Ką padarė moters vyras, kai grįžo?

8. Kaip Amber jautėsi po pokalbio su moters vyru?

9. Ką Gintarė rado antroje kirtavietėje?

10. Kas buvo antrojoje kirtavietėje?

Questions de compréhension

1. Quel était le bruit qu'Amber a entendu ?

2. D'où venait le bruit ?

3. Qui était la femme qu'Amber a trouvée ?

4. Qu'est-il arrivé à la femme ?

5. Pourquoi Amber est restée avec la femme ?

6. Comment s'est sentie la femme après qu'Amber lui ait parlé ?

7. Qu'a fait le mari de la femme quand il est revenu ?

8. Comment Amber s'est-elle sentie après avoir parlé au mari de la femme ?

9. Qu'a trouvé Amber dans la deuxième clairière ?

10. Qui était dans la deuxième clairière ?

Kernavės archeologinė vietovė

Kernavės archeologinė vietovė kadaise buvo šurmuliuojantis miestelis, pilnas gyvybės ir veiklos. Tačiau dabar tai miestas vaiduoklis; vieninteliai gyventojai - seniai čia mirusių žmonių **dvasios.** Ypač viena dvasia - tai jaunos moters, vardu Lina, dvasia. Ji tragiškai žuvo per gaisrą, kuris apėmė jos namus, palikdamas ją įkalintą ir vienišą. Kiekvieną dieną ji klaidžioja Kernavės gatvėmis ir vėl ir vėl išgyvena savo paskutines akimirkas. Tačiau šiandien viskas kitaip. Šiandien ji pirmą kartą po savo mirties jaučia kažkieno buvimą. Iš pradžių ji išsigąsta, manydama, kad tai gali būti vienas iš **demonų,** kurie kartais lankosi šioje vietoje ir kankina čia įstrigusias sielas. Bet kai ji atsisuka į **tą, kas tai būtų...** ji nieko ten nemato, išskyrus seną vyrą, vilkintį kitos epochos **drabužiais.** Jis prisistato esąs Jonas - jis taip pat gyveno Kernavėje, kol prieš daugelį metų mirė.

Jis pasako jai, kad nuo pat mirties ją stebėjo ir atėjo paimti jos rankos, kad jie pagaliau galėtų kartu keliauti į pomirtinį gyvenimą. Iš pradžių Lina abejoja, bet paima jo ranką ir leidžia jam ją vesti. Jiems einant Jonas pasakoja jai apie **įvairias** vietas, kuriose buvo po savo

Site archéologique de Kernavė

Le site archéologique de Kernavė était autrefois une ville animée, pleine de vie et d'activité. Mais maintenant, c'est une ville fantôme ; les seuls habitants sont les **esprits** de ceux qui sont morts ici il y a longtemps. Un esprit, en particulier, est celui d'une jeune femme nommée Lina. Elle est morte tragiquement dans un incendie qui a ravagé sa maison, la laissant seule et piégée. Chaque jour, elle erre dans les rues de Kernavė, revivant ses derniers instants encore et encore. Mais aujourd'hui, c'est différent. Aujourd'hui, elle ressent la présence de quelqu'un d'autre pour la première fois depuis sa mort. Au début, elle a peur, pensant qu'il pourrait s'agir d'un des **démons** qui visitent parfois cet endroit pour tourmenter les âmes qui y sont coincées. Mais lorsqu'elle se retourne pour faire face à cette **personne...** elle ne voit rien d'autre qu'un vieil homme portant des **vêtements** d'une autre époque. Il se présente comme Jonas - il vivait lui aussi à Kernavė avant de décéder il y a de nombreuses **années**.

Il lui dit qu'il veille sur elle depuis sa mort et qu'il est venu prendre sa main pour qu'ils puissent enfin avancer

mirties, ir apie viską, ką matė. Lina stebisi viskuo, ką jis aprašo, ir negali patikėti, kad gyvenimas po mirties yra daug daugiau, nei ji kada nors įsivaizdavo. Galiausiai jie atvyksta į **nuostabią** pievą, pilną laukinių gėlių. Jonas jai pasako, kad čia jų keliai turėtų išsiskirti, bet prieš išvykdamas jis nori įteikti jai paskutinę dovaną. Jis įkiša ranką į kišenę ir ištraukia mažą medinę dėžutę... kurios viduje yra subtilus sidabrinis vėrinys su vienu mėlynu **brangakmeniu** centre. Jis paaiškina, kad tai buvo mėgstamiausias jo žmonos papuošalas, ir sako, kad nori, jog Lina dabar jį turėtų kaip priminimą, kad ji nebėra **viena**; net jei jie išsiskiria, mylimi žmonės **dvasios** pavidalu visada yra su jais.

Lina su ašaromis akyse padėkoja Jonui už viską, **atsisveikina** ir pasuka atgal į Kernavę. Eidama tolyn Lina jaučiasi lengvesnė nei seniai. Ji žino, kad jos kelionė dar nesibaigė - bet dabar ji turi jėgų pasitikti viską, kas jos laukia ateityje, **žinodama,** kad jos mylimi žmonės visada su ja. Kitą dieną, kai Lina grįžta į Kernavę, ji mato, kad miestelis **pasikeitęs**.

ensemble dans l'au-delà. Lina est d'abord hésitante, mais elle prend sa main et le laisse l'emmener. Pendant qu'ils marchent, Jonas lui raconte les **différents** endroits où il est allé depuis sa mort et toutes les choses qu'il a vues. Lina est émerveillée par tout ce qu'il décrit et n'arrive pas à croire que la vie après la mort est tellement plus importante qu'elle ne le pensait. Finalement, ils arrivent dans une **belle** prairie pleine de fleurs sauvages. Jonas lui dit que c'est ici qu'ils sont censés se séparer, mais avant qu'elle ne parte, il veut lui offrir un dernier cadeau. Il fouille dans sa poche et en sort une petite boîte en bois... à l'intérieur de laquelle se trouve un délicat collier en argent avec une seule **pierre précieuse** bleue au centre. Il explique que c'était le bijou préféré de sa femme et dit qu'il veut que Lina l'ait maintenant pour lui rappeler qu'elle n'est plus **seule** ; même s'ils sont séparés, leurs proches sont toujours avec eux sous forme d'**esprit**.

Les larmes aux yeux, Lina remercie Jonas pour tout avant de lui dire **au revoir** et de se retourner vers Kernavė. Alors qu'elle s'éloigne, Lina se sent plus légère qu'elle ne l'a été depuis longtemps. Elle sait que son voyage n'est pas encore terminé - mais elle a maintenant la force d'affronter tout ce qui l'attend, **sachant** que ses proches sont toujours avec elle. Le lendemain, lorsque Lina retourne à Kernavė, elle constate que la ville a **changé**.

Supratimo klausimai

1. Kaip vadinasi Kernavę persekiojanti dvasia?

2. Kaip mirė Lina?

3. Kas yra Jonas?

4. Ką Jonas duoda Linai?

5. Ką Lina mato grįžusi į Kernavę?

6. Kodėl vėrinys yra reikšmingas?

7. Kur Jonas nuveš Liną?

8. Ką Jonas pasakoja Linai apie jos kelionę?

9. Kaip Lina jaučiasi susitikusi su Jonu?

10. Ką Linai reiškia vėrinys?

Questions de compréhension

1. Quel est le nom de l'esprit qui hante Kernavė ?

2. Comment Lina est-elle morte ?

3. Qui est Jonas ?

4. Que donne Jonas à Lina ?

5. Que voit Lina quand elle retourne à Kernavė ?

6. Pourquoi le collier est-il important ?

7. Où Jonas emmène-t-il Lina ?

8. Que dit Jonas à Lina à propos de son voyage ?

9. Comment Lina se sent-elle après avoir rencontré Jonas ?

10. Que représente le collier pour Lina ?

Krepšinis

Gimnazijos salėje aidėjo kamuolio, šokinėjančio
ant kietos dangos, garsas. Lauke buvo graži diena,
bet Maikui tai nebuvo svarbu. Jis galvojo apie vieną
dalyką - krepšinį. Jis driblingavo aplink įsivaizduojamus
gynėjus, stengdamasis visą laiką laikyti galvą pakeltą
aukštyn. Treneris jam visada sakydavo, kad jei nori būti
puikus **žaidėjas,** turi gerai matyti aikštę. Jis sustodavo
ties įžaidėjo viršūne ir apžvelgdavo aikštę. Priešais
jį nebuvo tikrų **gynėjų,** bet jis apsimetė, kad **jų** yra.
Jis giliai įkvėpė ir žengė savo žingsnį. Jis judėjo link
krepšio, naudodamasis kūnu, kad apsaugotų kamuolį
nuo įsivaizduojamų gynėjų. Priartėjęs prie krepšio, jis
pakėlė kamuolį ir **tobulai** išleido metimą. Jis įskriejo!

Vos tik jis atsitrenkė tik į tinklą, Maikas nubėgo jo paimti,
kad galėtų tai pakartoti. Šį kartą jis turėjo atlikti dar
sunkesnį smūgį iš didesnio atstumo. Mike'o treneris
visada sakydavo, kad praktika daro meistriškumą. Todėl
Maikas valandų valandas praleisdavo sporto salėje,
tobulindamas savo žaidimą. Kasdien jis šaudė šimtus
šūvių, stengdamasis pagerinti **taiklumą**. Atrodo, kad
tai pasiteisino - jis buvo vienas geriausių komandos
žaidėjų. Vieną dieną, po itin įtemptos **treniruotės,**
Maikas nusprendė skirti laiko sau ir tiesiog pažaisti.
Jis ėmė šaudyti iš visos aikštelės, pataikydamas

Basket-ball

Le son de la balle qui rebondit sur le bois dur résonne dans le **gymnase**. C'était une belle journée dehors, mais cela n'avait pas d'importance pour Mike. Il n'avait qu'une chose en tête, et c'était le basket. Il dribblait autour de défenseurs imaginaires, en veillant à garder la tête haute à tout moment. Son entraîneur lui disait toujours que s'il voulait être un grand **joueur**, il devait avoir une bonne vision du terrain. Il s'arrête en haut de la touche et observe le terrain. Il n'y a pas de vrais **défenseurs devant lui**, mais il fait comme s'il y en avait. Il a pris une profonde inspiration et a fait son mouvement. Il s'est dirigé vers le panier, en utilisant son corps pour protéger le ballon des défenseurs imaginaires. Quand il est arrivé à portée, il s'est élevé et a tiré avec une forme **parfaite**. Il est rentré !

Dès que la balle n'a touché que le filet, Mike a couru pour la récupérer afin de pouvoir recommencer. Cette fois, il ferait un tir encore **plus difficile**, un tir de plus loin. L'entraîneur de Mike disait toujours que c'est en forgeant qu'on devient forgeron. C'est pourquoi Mike passait des heures et des heures dans le gymnase, à travailler son jeu. Il faisait des centaines de tirs chaque jour, essayant d'améliorer sa **précision**. Et cela semblait porter ses fruits ; il était l'un des meilleurs

vieną metimą po kito. Staiga jis sulaukė žiūrovų; jo **komandos draugai** susirinko aplink ir nustebę stebėjo jį. Jie dar niekada nebuvo matę, kad kas nors taip **šaudytų!**

Savo šaudymu sužavėjęs komandos draugus, Mike'as dar labiau pasitikėjo savimi ir savo jėgomis. Jis ėmė labiau rizikuoti aikštėje ir tai pasiteisino - jis vedė savo komandą į pergalę po **pergalės**. Treneris juo pasitikėjo ir suteikė jam daugiau atsakomybės puolime; netrukus žmonės jį ėmė vadinti "naujuoju didžiuoju žaidėju". Tačiau spaudimas Mike'o nepalaužė; jei ne kitaip, tai tik dar labiau pagerino jo rezultatus spaudimo **situacijose**. Jis klestėjo, kai žaidimas buvo ant ribos, ir pataikydavo vieną įvartį po kito. Jis greitai tapo žinomas kaip vienas geriausių krepšininkų mieste, o vėliau ir valstijoje, o galiausiai ir **šalyje**.

joueurs de son équipe. Un jour, après une séance d'**entraînement** particulièrement éprouvante, Mike a décidé de prendre du temps pour lui et de s'amuser. Il s'est mis à tirer de tous les coins du terrain, réussissant tir après tir. Soudain, il a un public : ses **coéquipiers** se sont rassemblés autour de lui pour le regarder avec étonnement. Ils n'avaient jamais vu quelqu'un **tirer** comme ça auparavant !

Après avoir impressionné ses coéquipiers avec sa **démonstration de** tir, Mike a pris encore plus confiance en lui et en ses capacités. Il a commencé à prendre plus de risques sur le terrain, et cela a porté ses fruits ; il a mené son équipe à la victoire après la **victoire**. Son entraîneur lui a fait confiance et lui a donné plus de responsabilités au sein de l'équipe ; très vite, les gens l'ont appelé "la prochaine grande affaire". La pression ne perturbe pas Mike ; au contraire, elle ne fait que l'améliorer dans les **situations de** pression. Il s'épanouissait lorsque le jeu était en jeu et réussissait coup sur coup des tirs décisifs. Il s'est rapidement fait connaître comme l'un des meilleurs joueurs de basket de la ville... puis de l'État... et enfin de la **nation**.

Supratimo klausimai

1. Koks garsas aidėjo gimnazijoje?

2. Koks oras buvo lauke?

3. Į ką Mike'as sutelkė dėmesį?

4. Ką Mike'o treneris jam pasakė apie tai, kaip tapti puikiu žaidėju?

5. Ką Mike'as padarė, kai pasiekė rakto viršūnę?

6. Ką apsimetė Mike'as, kai važiavo link krepšio?

7. Kodėl Maikas valandų valandas praleido sporto salėje?

8. Kuo Mike'as sužavėjo komandos draugus?

9. Ką padarė Mike'o treneris, kai jis pradėjo vesti komandą į pergales?

10. Kaip Mike'as buvo žinomas, kai tapo vienu geriausių šalies žaidėjų?

Questions de compréhension

1. Quel était le son qui résonnait dans le gymnase ?

2. Quel temps faisait-il dehors ?

3. Quel était le principal objectif de Mike ?

4. Que lui a dit l'entraîneur de Mike pour devenir un grand joueur ?

5. Qu'a fait Mike quand il est arrivé au sommet de la clé ?

6. Qu'est-ce que Mike a prétendu lorsqu'il conduisait vers le panier ?

7. Pourquoi Mike passait-il des heures dans la salle de gym ?

8. Qu'est-ce que Mike a fait qui a impressionné ses coéquipiers ?

9. Qu'a fait l'entraîneur de Mike quand il a commencé à mener l'équipe à la victoire ?

10. Comment Mike était-il connu lorsqu'il est devenu l'un des meilleurs joueurs de la nation ?

Saltibarščiai

Pirmą kartą saltibarščių valgiau **pas** močiutę. Ji juos gamindavo kiekvieną vasarą, ir aš visada prašydavau jos paragauti. Galiausiai vienais metais ji leido man suvalgyti mažą dubenėlį. Tai buvo meilė iš pirmo kąsnio. Vėsi, gaivi sriuba buvo nepanaši į nieką, ko iki tol nebuvau ragavusi. Nuo to laiko esu priklausomas nuo Saltibarščių. Kai tik pamatau ją valgiaraštyje, negaliu **atsispirti ir neužsisakyti**. Ir nors dabar žinau, kaip ją pasigaminti pati, niekas neprilygsta močiutės receptui. Šį vakarą, kai sėdžiu ir mėgaujuosi dubenėliu šios gardžios sriubos,negaliu negalvoti apie visus su ja susijusius **nuostabius** prisiminimus. Nuo šeimos susibūrimų iki tingių vasaros dienų, praleistų pavėsyje valgant dubenėlius saltibarščių, šis paprastas patiekalas man tapo kur kas daugiau nei tik maistu; jis tapo mano gyvenimo istorijos dalimi. Su saltibarščiais mane supažindino močiutė, bet tik **persikėlusi gyventi į** Lietuvą iš tiesų įsimylėjau šią **sriubą**.

Lietuvoje saltibarščiai yra nacionalinis patiekalas. Jį valgo visi, o skirtingų receptų yra tiek, kiek yra šeimų. Vieni mėgsta aštrius, kiti - saldesnius. Kad ir kokie būtų jūsų pageidavimai, viena yra aišku: Lietuviški saltibarščiai yra geriausi pasaulyje. Per daugelį metų išbandžiau dešimtis skirtingų šios sriubos versijų,

Saltibarsciai

La première fois que j'ai mangé des saltibarsciai, c'était **chez** ma grand-mère. Elle en faisait chaque été, et je la suppliais toujours d'y goûter. Finalement, une année, elle m'a laissé en prendre un petit bol. C'était l'amour à la première bouchée. Cette soupe fraîche et rafraîchissante ne ressemblait à rien de ce que j'avais pu goûter auparavant. Depuis lors, je suis devenu accro à la Saltibarsciai. Chaque fois que je la vois sur un menu, je ne peux pas **m'empêcher de** la commander. Et même si je sais maintenant comment le faire moi-même, rien ne vaut la recette de grand-mère. Ce soir, alors que je m'assieds pour déguster un bol de cette délicieuse soupe, je ne peux m'empêcher de penser à tous les **merveilleux** souvenirs qui y sont associés. Des réunions de famille aux journées d'été paresseuses passées à manger des bols de saltibarsciai à l'ombre, ce plat simple est devenu bien plus qu'un simple aliment pour moi ; il fait partie de l'histoire de ma vie. C'est ma grand-mère qui m'a fait découvrir la saltibarsciai, mais ce n'est que lorsque j'ai **déménagé** en Lituanie que je suis vraiment tombée amoureuse de cette **soupe**.

En Lituanie, le saltibarsciai est un plat national. Tout le monde en mange, et il y a autant de recettes différentes

tačiau niekas negali **prilygti** mano močiutės receptui. Jis paprastas ir tobulas, toks, kokį ji visada gamindavo. Jau kelias dienas be perstojo lijo ir aš pradėjau blaškytis užsidariusi savo bute. Todėl kai draugė pasiūlė papietauti jos mėgstamiausiame lietuviškame **restorane,** pasinaudojau proga. Manęs laukė malonumas. Vos tik įžengiau į restoraną, mane pasiekė viliojantis Saltibarščių kvapas. Mano burna ėmė rausti, o skrandis gurgždėti iš **nekantrumo.**

Greitai užsisakėme ir netrukus prieš mus buvo pastatyti garuojančios sriubos **dubenys.** Atsargiai gurkštelėjau, nenorėdama nudeginti liežuvio, ir išsižiojusi iš malonumo sustingau, kai skonis išsiskleidė mano skonio receptoriuose. Jis buvo dar geresnis, nei prisiminiau. Sėdėdamas čia ir valgydamas dubenėlį po dubenėlio šios gardžios sriubos, negaliu negalvoti apie tai, kaip stipriai **pasikeitė** mano gyvenimas nuo to pirmojo paragavimo prieš daugelį metų. Tuomet buvau dar **vaikas,** neturintis jokių rimtų pareigų ar rūpesčių. Šiandien atrodo, kad nuolat kažkas slegia mano mintis.

que de familles. Certains l'aiment épicé, d'autres préfèrent une version plus douce. Mais quelle que soit votre préférence, une chose est sûre : Le saltibarsciai lituanien est le meilleur du monde. J'ai essayé des dizaines de versions différentes de cette soupe au fil des ans, mais rien ne peut **se comparer** à la recette de ma grand-mère. C'est simple et parfait, comme elle l'a toujours fait. Il pleuvait sans discontinuer depuis des jours et je commençais à devenir folle, enfermée dans mon appartement. Alors quand mon amie m'a proposé de déjeuner dans son **restaurant** lituanien préféré, j'ai sauté sur l'occasion. J'étais prête à me régaler. Dès que je suis entrée dans le restaurant, j'ai senti l'odeur alléchante du Saltibarsciai. Ma bouche s'est mise à saliver et mon estomac a grogné d'**impatience**.

Nous avons commandé rapidement, et assez vite, des **bols** de soupe fumants ont été placés devant nous. J'ai pris une gorgée timide, ne voulant pas me brûler la langue, puis j'ai laissé échapper un gémissement de plaisir lorsque la saveur a explosé sur mes papilles. C'était encore meilleur que dans mes souvenirs. Alors que je suis assise ici à manger bol après bol de cette délicieuse soupe, je ne peux m'empêcher de penser à combien ma vie a **changé** depuis cette première dégustation, il y a tant d'années. À l'époque, je n'étais qu'un **enfant** sans réelles responsabilités ni soucis. Aujourd'hui, j'ai l'impression qu'il y a toujours quelque chose qui pèse sur mon esprit.

Supratimo klausimai

1. Koks pirmasis autoriaus prisiminimas apie saltibarščius?

2. Kaip jautėsi autorius, pirmą kartą paragavęs saltibarščių?

3. Kodėl saltibarščiai yra toks populiarus patiekalas Lietuvoje?

4. Ką autorius mano apie savo močiutės saltibarščių receptą?

5. Kaip autorius jaučiasi valgydamas saltibarščius restorane?

6. Apie ką autorius galvoja valgydamas saltibarščius?

7. Kokius prisiminimus autoriui primena saltibarščiai?

8. Kur autorius pirmą kartą paragauja saltibarščių?

9. Koks oras buvo tą dieną, kai autorius pietums valgė saltibarščius?

10. Kaip pasikeitė autoriaus gyvenimas nuo tada, kai jis pirmą kartą paragavo saltibarščių?

Questions de compréhension

1. Quel est le premier souvenir de l'auteur concernant la saltibarsciai ?

2. Qu'a ressenti l'auteur après avoir goûté à la saltibarsciai pour la première fois ?

3. Pourquoi le saltibarsciai est-il un plat si populaire en Lituanie ?

4. Que pense l'auteur de la recette de saltibarsciai de sa grand-mère ?

5. Que ressent l'auteur en mangeant des saltibarsciai au restaurant ?

6. A quoi l'auteur pense-t-il en mangeant des saltibarsciai ?

7. A quel genre de souvenirs le saltibarsciai fait-il penser à l'auteur ?

8. Où l'auteur a-t-il essayé pour la première fois la saltibarsciai ?

9. Quel temps faisait-il le jour où l'auteur a mangé des saltibarsciai à midi ?

10. Comment la vie de l'auteur a-t-elle changé depuis qu'il a goûté pour la première fois aux saltibarsciai ?

Pažaislio vienuolynas

Pažaislio vienuolyną 1662 m. įkūrė Lenkijos karalius Jonas II Kazimieras. Jis yra Kaune, Lietuvoje, ir yra gražus baroko **stiliaus** vienuolynas. Kompleksą sudaro bažnyčia, du vienuolynai ir įvairūs kiti pastatai. Vienuolynas buvo pastatytas ankstesnės medinės bažnyčios, kurią sunaikino **gaisras,** vietoje. Pažaislio vienuolynas greitai tapo populiaria piligrimų iš visos Lenkijos ir Lietuvos lankytina **vieta.** Daug žmonių atvyko pamatyti stebuklingo Mergelės Marijos paveikslo, kuris, kaip teigiama, buvo saugomas vienuolyno **koplyčioje**. Buvo sakoma, kad paveikslas turi gydomųjų galių ir daugelis žmonių, pasimeldę prie jo, pasveiko nuo ligų. 1701 m. per Šiaurės karą švedų kariai apiplėšė ir sudegino didžiąją dalį vienuolyno komplekso.

Tačiau jie pasigailėjo Dievo **Motinos** koplyčios, kurioje ir šiandien tebėra stebuklingas Marijos atvaizdas. Po restauravimo Pažaislio vienuolynas vėl tapo visos Europos katalikų piligrimystės vieta. **Šiandien** Pažaislio vienuolynas yra populiari turistų lankoma vieta. Lankytojai gali apžiūrėti gražią barokinę bažnyčią ir vienuolynus, o Dievo Motinos koplyčioje

Monastère de Pažaislis

Le monastère de Pažaislis a été fondé en 1662 par le roi de Pologne, Jean II Casimir. Il est situé à Kaunas, en Lituanie, et est un magnifique monastère **de style** baroque. Le complexe comprend une église, deux cloîtres et divers autres bâtiments. Le monastère a été construit sur le site d'une ancienne église en bois qui avait été détruite par un **incendie**. Le monastère de Pažaislis est rapidement devenu une **destination** populaire pour les pèlerins de toute la Pologne et de la Lituanie. Nombreux étaient ceux qui venaient voir l'image miraculeuse de la Vierge Marie qui se trouvait, dit-on, dans la **chapelle** du monastère. L'image était censée avoir des pouvoirs de guérison et de nombreuses personnes ont été guéries de leurs maux après avoir prié devant elle. En 1701, pendant la guerre du Nord, les troupes suédoises ont pillé et brûlé une grande partie du complexe du monastère.

Ils ont toutefois épargné la chapelle de la **Vierge**, qui abrite encore aujourd'hui l'image miraculeuse de Marie. Après avoir été restauré, le monastère de Pažaislis est redevenu un lieu de pèlerinage pour les catholiques de toute l'Europe. **Aujourd'hui, le** monastère de Pažaislis est une destination touristique populaire. Les visiteurs

pamatyti stebuklingąjį Marijos paveikslą. Vienuolyno komplekse taip pat yra muziejus, kuriame eksponuojami vienuolyno **istorijos** ir meno kūriniai. Jei ieškote vietos atsipalaiduoti ir pasimėgauti ramybe, Pažaislio vienuolyną tikrai verta **aplankyti**. Įsikūręs vaizdingoje aplinkoje, nesunku suprasti, kodėl ši vieta jau šimtmečius traukia lankytojus. Eidami pro vienuolyno **vartus** negalite nepajusti taikos ir ramybės jausmo.

Graži barokinė bažnyčia ir **vienuolynai** spinduliuoja ramybę. Nueikite į Dievo Motinos koplyčią ir pamatysite, kad jus traukia stebuklingas Marijos atvaizdas. Atsiklaupiate ir meldžiatės, prašydami patarimų savo gyvenime. Sėdėdami **tyloje** staiga pajuntate nuo paveikslo sklindančią šilumą. Ji pripildo jus vilties ir drąsos, nes žinote, kad, kad ir **kokie iššūkiai jūsų** lauktų, sugebėsite juos įveikti. Iš Pažaislio vienuolyno išeinate atgaivintas ir atsinaujinęs. Šios vietos ramybė ir taika pasiliko su jumis, suteikdama **jėgų** įveikti viską, kas laukia ateityje. Esate dėkingi, kad **patyrėte** šią **patirtį,** ir žinote, kad visada prisiminsite Pažaislio vienuolyno ramybę.

peuvent visiter la belle église baroque et les cloîtres, et voir l'image miraculeuse de Marie dans la chapelle de Notre-Dame. Le complexe du monastère abrite également un musée qui présente des expositions sur son **histoire** et son art. Si vous cherchez un endroit pour vous détendre et profiter de la paix et de la tranquillité, le monastère de Pažaislis vaut vraiment le **détour**. Situé dans un environnement pittoresque, il est facile de comprendre pourquoi ce lieu attire les visiteurs depuis des siècles. Lorsque vous franchissez les **portes du** monastère, vous ne pouvez vous empêcher de ressentir un sentiment de paix et de calme.

La belle église baroque et les **cloîtres** semblent respirer la sérénité. Vous vous dirigez vers la chapelle de Notre-Dame et vous êtes attiré par l'image miraculeuse de Marie. Vous vous agenouillez et priez, demandant à être guidé dans votre vie. Alors que vous êtes assis en **silence**, vous sentez soudain une chaleur émaner de l'image. Elle vous remplit d'espoir et de courage, sachant que quels que soient les **défis qui vous** attendent, vous serez capable de les surmonter. Vous quittez le monastère de Pažaislis en vous sentant rafraîchi et renouvelé. La paix et le calme de ce lieu sont restés en vous, vous donnant la **force** d'affronter tout ce qui vous attend. Vous êtes reconnaissant d'avoir vécu cette **expérience** et savez que vous vous souviendrez toujours de la sérénité du monastère de Pažaislis.

Supratimo klausimai

1. Kas yra Pažaislio vienuolynas?

2. Kur yra Pažaislio vienuolynas?

3. Kokio stiliaus yra Pažaislio vienuolynas?

4. Kokie pastatai įeina į Pažaislio vienuolyno kompleksą?

5. Kodėl buvo pastatytas Pažaislio vienuolynas?

6. Kas buvo pasakyta apie vienuolyno koplyčioje esantį Mergelės Marijos atvaizdą?

7. Kas nutiko Pažaislio vienuolynui Šiaurės karo metu?

8. Kuo vėl tapo Pažaislio vienuolynas po restauracijos?

9. Ką Pažaislio vienuolyne lankytojai gali nuveikti šiandien?

10. Koks bendras jausmas apima apsilankius Pažaislio vienuolyne?

Questions de compréhension

1. Qu'est-ce que le monastère de Pažaislis ?

2. Où se trouve le monastère de Pažaislis ?

3. Quel est le style du monastère de Pažaislis ?

4. Quels bâtiments font partie du complexe du monastère de Pažaislis ?

5. Pourquoi le monastère de Pažaislis a-t-il été construit ?

6. Que dit-on de l'image de la Vierge Marie qui se trouve dans la chapelle du monastère ?

7. Qu'est-il arrivé au monastère de Pažaislis pendant la guerre du Nord ?

8. Après avoir été restauré, qu'est devenu le monastère de Pažaislis ?

9. Que peuvent faire les visiteurs au monastère de Pažaislis aujourd'hui ?

10. Quel est le sentiment général que l'on ressent en visitant le monastère de Pažaislis ?

Karšto oro balionai

Dangus buvo nuostabiai mėlynas, o **saulė** švietė. Tai buvo puiki diena skraidyti. Džonas ir jo draugai jau kelias savaites planavo pakilti oro balionais, o šiandien pagaliau atėjo ta diena. Anksti **ryte** jie atvyko į **starto** vietą, nekantraudami pradėti. Kai viskas buvo paruošta, jie susėdo į savo krepšius ir pakilo. Iš viršaus atsivėręs vaizdas gniaužė kvapą. Jie matė daugybę mylių į visas puses. Plaukdami jie vienas kitam rodė **įdomius** dalykus ir fotografavo. Tai buvo puiki diena, kol staiga kažkas sugedo su vienu iš **balionų**. Pasigirdo garsus sprogimas, o po to iš baliono ištrūko oras.

Balionas ėmė sparčiai **leistis žemyn** link žemės, esančios toli po jais. Džono ir jo draugų laukė geriausias jų gyvenimo nuotykis. Jie tvirtai laikėsi, kol balionas smigo į žemę. Laimei, jie nusileido minkštame lauke, tačiau nusileidimas vis tiek buvo sunkus. Visi buvo sukrėsti, bet, laimei, niekas nenukentėjo. Visi Džono draugai nekantravo vėl pakilti į orą, tačiau Džonas buvo praradęs **nuotykių** skonį. Jis nusprendė nuo šiol likti ant tvirtos žemės. Džono draugai savo oro balionais patyrė dar daugybę nuotykių, tačiau Džonas **daugiau** niekada prie jų neprisijungė. Jis visada prisimindavo tą dieną, kai vos **nesudužo,** ir nusprendė, kad tai tiesiog per daug rizikinga. Kiekvieną kartą pamatęs danguje sklendžiantį oro balioną, jis negalėjo

Ballons à air chaud

Le ciel était d'un beau bleu, et le **soleil** brillait. C'était une journée parfaite pour voler. John et ses amis avaient prévu de monter dans leurs montgolfières depuis des semaines, et aujourd'hui était enfin le jour J. Ils sont arrivés au site de lancement tôt le matin, impatients de commencer. Ils sont arrivés sur le site de **lancement** tôt le **matin**, impatients de commencer. Une fois tout installé, ils grimpent dans leurs paniers et décollent. La vue d'en haut était à couper le souffle. Ils pouvaient voir à des kilomètres dans toutes les directions. Tout en flottant, ils se font remarquer des choses **intéressantes** et prennent des photos. C'était une journée parfaite jusqu'à ce que soudain, quelque chose ne fonctionne plus avec l'un des **ballons**. Il y a eu un bruit sec, suivi d'un souffle d'air s'échappant de l'enveloppe.

Le ballon a commencé à **descendre** rapidement vers le sol, loin en dessous d'eux. John et ses amis étaient prêts pour le voyage de leur vie. Ils s'accrochent fermement alors que la montgolfière plonge vers le sol. Par chance, ils ont atterri dans un champ mou, mais l'atterrissage a été rude. Tout le monde a été secoué, mais heureusement, personne n'a été blessé. Les amis de John étaient tous impatients de retourner dans les airs, mais John avait perdu le goût

atsikratyti pavydo jausmo. Jis žinojo, kad jie ten smagiai leidžia laiką, bet tai buvo ne jam. Po daugelio metų visi Džono **draugai** vis dar skraidė karšto oro balionais. Jie dažnai kviesdavo jį prisijungti, bet jis visada **atsisakydavo**.

Jis su pasitenkinimu stebėjo nuo žemės, kaip jie skrieja **dangumi,** mėgaudamasis laisve ir nuostabiais vaizdais. Džono draugai jau kelias savaites planavo pakilti oro **balionu,** ir šiandien pagaliau atėjo ta diena. Anksti ryte jie atvyko į starto vietą, nekantraudami pradėti. Kai viskas buvo paruošta, jie susėdo į savo krepšius ir pakilo. Iš viršaus atsivėręs vaizdas **gniaužė kvapą**. Jie matė daugybę kilometrų į visas puses. Plaukdami jie vienas kitam rodė įdomius dalykus ir fotografavo. Tai buvo **puiki** diena, kol staiga kažkas sugedo su vienu iš balionų. Pasigirdo garsus sprogimas, po kurio iš baliono ištrūko **oras.**

de l'**aventure**. Il a décidé de rester sur la terre ferme à partir de ce moment-là. Les amis de John ont continué à vivre de nombreuses autres aventures dans leurs montgolfières, mais John ne les a **plus** jamais rejoints. Il se souvient toujours du jour où il a failli **s'écraser** et a décidé que c'était trop risqué. Chaque fois qu'il voyait une montgolfière flotter dans le ciel, il ne pouvait s'empêcher de ressentir un peu d'envie. Il savait qu'ils s'amusaient là-haut, mais ce n'était pas pour lui. Des années plus tard, les **amis** de John volaient toujours en montgolfière. Ils l'invitaient souvent à les accompagner, mais il **refusait** toujours.

Il s'est contenté de les regarder depuis le sol s'élever dans le **ciel**, profitant de leur liberté et de la vue magnifique. Les amis de John avaient prévu de monter dans leurs **montgolfières** depuis des semaines, et aujourd'hui était enfin le jour J. Ils sont arrivés sur le site de lancement tôt le matin, impatients de commencer. Ils sont arrivés sur le site de lancement tôt le matin, impatients de commencer. Une fois tout installé, ils grimpent dans leurs paniers et décollent. La vue d'en haut était **à couper le souffle**. Ils pouvaient voir à des kilomètres dans toutes les directions. Tout en flottant, ils se font remarquer des choses intéressantes et prennent des photos. C'était une journée **parfaite** jusqu'à ce que soudain, quelque chose ne fonctionne plus avec l'un des ballons. Il y a eu un grand bruit suivi d'un souffle d'**air** s'échappant de l'enveloppe.

Supratimo klausimai

1. Koks buvo dangus, kai Džonas ir jo draugai pakilo oro balionu?

2. Kiek laiko Jonas ir jo draugai planavo pakilti oro balionu?

3. Ką Jonas ir jo draugai veikė pakilę oro balionu?

4. Kas nutiko su vienu iš balionų?

5. Kaip Jonas ir jo draugai jautėsi, kai sparčiai leidosi žemyn?

6. Kur jie nusileido?

7. Ar kas nors buvo sužeistas?

8. Ką Jonas nusprendė daryti po incidento?

9. Ką po incidento darė Jono draugai?

10. Ką Jonas darydavo kiekvieną kartą, kai danguje pamatydavo oro balioną?

Questions de compréhension

1. A quoi ressemblait le ciel lorsque Jean et ses amis sont montés dans leurs montgolfières ?

2. Depuis combien de temps Jean et ses amis avaient-ils prévu de monter dans leurs montgolfières ?

3. Que faisaient John et ses amis lorsqu'ils étaient dans leur montgolfière ?

4. Qu'est-ce qui a mal tourné avec l'un des ballons ?

5. Que ressentaient Jean et ses amis lorsqu'ils descendaient rapidement vers le sol ?

6. Où ont-ils atterri ?

7. Quelqu'un a-t-il été blessé ?

8. Qu'est-ce que Jean a décidé de faire après l'incident ?

9. Qu'ont fait les amis de Jean après l'incident ?

10. Que faisait Jean chaque fois qu'il voyait une montgolfière dans le ciel ?

Paplūdimyje

Po saulėtekio bangos būna stipresnės, o smėlis virš potvynio yra baltas. Nueinu į paplūdimį, **grožėdamasis** jūra ir saule. Mano kojų pirštai jaučia kriauklių griovelius. Smėlis šaltas ant mano kojų pirštų. Nusišypsau ir einu toliau. Potvynis didelis, todėl turiu būti atsargi, kad manęs neįtrauktų. Einu palei vandens pakraštį ir žaviuosi jūra. Saulėlydis **gražus,** o bangos šniokščia. Jaučiuosi tokia rami. Prieinu vietą, kur yra uolos atodanga. Atsisėdu ir stebiu bangas. Vanduo toks mėlynas, o dangus toks **oranžinis**. Jaučiuosi tarsi sapne. Užmerkiu akis ir tiesiog klausausi bangų. Ilgai taip sėdėjau, kol išgirdau, kad kažkas mane šaukia vardu.

Atmerkiu akis ir matau link manęs einančią mamą. Jos veidas susirūpinęs. Aš nusišypsau ir pamojuoju, ir ji **atsipalaiduoja**. "Man buvo įdomu, kur tu išėjai, - sako ji. "Džiaugiuosi, kad mėgaujiesi paplūdimiu." Atsakau: "Taip ir yra." "Čia taip gražu." "Žinau", - sako ji. "Kai buvau tavo amžiaus, nuolat čia lankydavausi." "Tikrai?" Paklausiu. "Taip", - atsako ji. "Tai ypatinga vieta." "Ar kada nors čia sutikai ką nors ypatingo?" Paklausiu. "Sutikau", - atsako ji su šypsena. "Tavo tėvą." "Tikrai?" **Nustebusi** sakau. "Taip", - sako ji. "Mes nuolat čia kartu ateidavome. Čia mes įsimylėjome. " Šypsausi,

A la plage

Après le lever du soleil, les vagues sont plus fortes et le sable au-dessus de la marée est blanc. Je marche jusqu'à la plage, **admirant** la mer et le soleil. Mes orteils sentent les rainures des coquillages. Le sable est froid sur mes orteils. Je souris et je continue. La marée est haute, alors je dois faire attention à ne pas me laisser entraîner. Je marche le long du bord de l'eau, en admirant la mer. Le lever du soleil est **magnifique**, et les vagues s'écrasent. Je me sens si paisible. J'arrive à un endroit où il y a un affleurement rocheux. Je m'assieds et je regarde les vagues. L'eau est si bleue et le ciel est si **orange**. J'ai l'impression d'être dans un rêve. Je ferme les yeux et je me contente d'écouter les vagues. Je suis restée assise pendant un long moment, jusqu'à ce que j'entende quelqu'un m'appeler.

J'ouvre les yeux et je vois ma mère marcher vers moi. Elle a un air inquiet sur le visage. Je souris et je lui fais signe, et elle **se détend**. "Je me demandais où tu étais allée", dit-elle. "Je suis contente que tu profites de la plage." Je réponds : "J'en profite." "C'est tellement beau ici." "Je sais", dit-elle. "Je venais ici tout le temps quand j'avais ton âge." "Vraiment ?" Je demande. "Ouais", répond-elle. "C'est un endroit spécial." "As-tu déjà rencontré quelqu'un de spécial ici ?" Je demande. "Oui",

įsivaizduodama savo tėvus, įsimylėjusius šiame gražiame paplūdimyje. "Tai ypatinga vieta", - pakartoja ji. "Džiaugiuosi, kad šiandien čia atėjai."

Dar kurį laiką sėdime ir **stebime** bangas bei saulėlydį. Tada atsistojame ir grįžtame prie savo paplūdimio rankšluosčių. Atsigulu ir žiūriu į žvaigždes. Jaučiuosi tokia laiminga ir patenkinta. Bangos dabar garsiau plaukia, o smėlis šaltas. Saulė leidžiasi ir pučia vėsus vėjelis. Bangos daužosi į krantą, o ore tvyro druskos kvapas. Puikus vakaras būti paplūdimyje. Vaikštau palei krantą, **klausausi** bangų ošimo ir stebiu saulėlydį. Matau ant smėlio sėdinčią grupę žmonių, kurie juokiasi ir juokauja. Atrodo, kad jie puikiai leidžia laiką. Prieinu prie jų ir paklausiu, ar galiu prie jų prisijungti. Jie sutinka, ir mes visą likusį vakarą kalbamės, juokiamės ir stebime **saulėlydį**. Tai puikus vakaras. Su grupe kalbamės, kol saulė nusileidžia. Dalijamės istorijomis ir juokeliais, ir visi puikiai leidžiame laiką. Pradėjus temti, visi pradedame jaustis pavargę. **Atsisveikindami** pabučiuojame vieni kitus ir išsiskiriame. Grįžtu į viešbutį, jausdamasis laimingas ir patenkintas. Negaliu patikėti, kaip čia gražu. Esu toks laimingas, kad tai **patyriau**.

répond-elle avec un sourire. "Ton père." "Vraiment ?"
Je dis, **surpris**. "Oui," dit-elle. "Nous avions l'habitude
de venir ici tout le temps ensemble. C'est là que nous
sommes tombés amoureux. " Je souris, **imaginant**
mes parents tombant amoureux sur cette magnifique
plage. " C'est un endroit spécial ", répète-t-elle. "Je suis
contente que tu sois venu ici aujourd'hui."

Nous restons assis là un moment de plus, à **regarder**
les vagues et le coucher de soleil. Puis nous nous
levons et retournons à nos serviettes de plage.
Je m'allonge et regarde les étoiles. Je me sens si
heureuse et satisfaite. Les vagues sont plus fortes
maintenant, et le sable est froid. Le soleil se couche et
une brise fraîche souffle. Les vagues s'écrasent sur le
rivage et l'odeur du sel flotte dans l'air. C'est une soirée
parfaite pour être à la plage. Je me promène le long du
rivage, en **écoutant le** bruit des vagues et en regardant
le coucher du soleil. Je vois un groupe de personnes
assises sur le sable, qui rient et plaisantent. Ils ont
l'air de passer un bon moment. Je m'approche d'eux
et leur demande si je peux les rejoindre. Ils acceptent
et nous passons le reste de la soirée à parler, à rire
et à regarder le **coucher de soleil**. C'est une soirée
parfaite. Le groupe et moi parlons jusqu'au coucher du
soleil. Nous partageons des histoires et des blagues,
et nous passons tous un bon moment. À la tombée de
la nuit, nous commençons tous à nous sentir fatigués.
Nous nous embrassons et nous nous séparons.

Supratimo klausimai

1. Kur pasakotoja eina atsibudusi?

2. Kuo pasakotoja žavisi vaikščiodama paplūdimiu?

3. Ko pasakotoja turi saugotis eidama paplūdimiu?

4. Kur pasakotojas atsisėda pasigrožėti vaizdu?

5. Kiek laiko pasakotojas ten sėdi?

6. Ką pasakotoja mato, kai vėl atveria akis?

7. Ką sako pasakotojo motina?

8. Apie ką kalbasi pasakotoja ir jos sutikti žmonės?

Questions de compréhension

1. Où va la narratrice après son réveil ?

2. Qu'est-ce que la narratrice admire en marchant le long de la plage ?

3. De quoi la narratrice doit-elle se méfier lorsqu'elle marche le long de la plage ?

4. Où le narrateur s'assoit-il pour profiter de la vue ?

5. Combien de temps le narrateur reste-t-il assis là ?

6. Qui la narratrice voit-elle lorsqu'elle ouvre à nouveau les yeux ?

7. Que dit la mère du narrateur ?

8. De quoi parlent la narratrice et les personnes qu'elle rencontre ?

Stovyklavimas prie ežero

Einu ežero link, **žavėdamasis** ramia aplinka. Saulė kepina nedidelį ežerą, todėl vanduo atrodo tarsi stiklo lakštas. Vienintelis judesys - retkarčiais paviršių **sudrebinanti** žuvis. Atrodo, kad net paukščiai ilsisi nuo karščio, o orą pripildo tik cikadų garsai. **Staiga** ramybę nutraukia garsus pliūpsnis. Didelė **žuvis** iššoka iš vandens, bandydama pagauti drakoniuką. Žuvis nepasiekia tikslo ir su šniokštimu krinta atgal į vandenį. "Oho, - pagalvoju sau, - tai buvo didelė žuvis!" Apsižvalgiau, ar dar kas nors ją matė, bet aplinkui nebuvo nė vieno žmogaus. Spėju, kad turėsiu jiems papasakoti, kai grįšiu į stovyklą.

Slegia karštis, todėl sunku kvėpuoti. Oras tirštas ir sunkus, tarsi apklotas. Vienintelis palengvėjimas - vanduo. Jis vėsus ir gaivus, tarsi šaltas gėrimas karštą dieną. Giliai įkvepiu ir pasineriu į vandenį. Lengvumas pajuntu iš karto, nes vėsus vanduo apsupa mane. Plaukiu iki dugno ir vėl išplaukiu į paviršių, jausdamas, kaip vanduo vėsina mano kūną. Toliau **plaukiu** ratus, mėgaudamasis atokvėpiu nuo karščio. Po kurio laiko išlipu iš vandens ir atsigulu ant žolės, kad saulė išdžiovintų mano kūną. Užmerkiu akis ir užmiegu, o **cikadų** garsai mane užmigdo giliu miegu. Leidžiu saulei iškepti vandenį iš mano odos. Jaučiu, kaip mano oda

Camping au lac

Je me dirige vers le lac, **admirant** la tranquillité de la scène. Le soleil tape sur le petit lac, faisant ressembler l'eau à une feuille de verre. Le seul mouvement est l'ondulation occasionnelle d'un poisson **brisant la** surface. Même les oiseaux semblent prendre une pause de la chaleur, avec seulement le son des cigales remplissant l'air. **Soudain**, la paix est rompue par un grand plouf. Un gros **poisson** a sauté hors de l'eau, essayant d'attraper une libellule. Le poisson rate sa cible et retombe dans l'eau avec un plouf. "Wow," je me dis, "c'était un gros poisson !". J'ai regardé autour de moi pour voir si quelqu'un d'autre l'avait vu, mais il n'y avait personne. Je suppose que je devrai leur dire quand je rentrerai au camp.

La chaleur est **oppressante**, il est difficile de respirer. L'air est épais et lourd, comme une couverture qui vous enveloppe. Le seul soulagement est dans l'eau. Elle est fraîche et rafraîchissante, comme une boisson fraîche par une journée chaude. Je prends une profonde inspiration et je plonge dans l'eau. Le soulagement est immédiat car l'eau fraîche m'entoure. Je nage jusqu'au fond, puis remonte à la surface, sentant l'eau refroidir mon corps. Je continue à **faire** des longueurs, appréciant le répit de la chaleur. Après un moment,

raudonuoja, bet man tai nerūpi. Man per karšta, kad man tai rūpėtų.Kitas dalykas, kurį žinau, - saulė jau leidžiasi. Dangus nusidažo gražia oranžine spalva su rausvais ir violetiniais dryžiais. Karštis dingo, jį pakeitė vėsus **vėjelis**.

Atsistoju ir vėl apsirengiu, jaučiuosi žvalus ir atjaunėjęs. Giliai **įkvepiu** vėsaus oro ir nusišypsau. Gera būti gyvam. Grįžtu į stovyklavietę ir žaviuosi, kaip danguje šoka spalvos. Tolumoje matau degantį laužą ir jaučiu ore tvyrantį dūmų kvapą. Nusišypsau ir **paspartinu** žingsnį. Esu pasiruošęs atsipalaiduoti ir mėgautis likusiu vakaru. Įeinu į stovyklavietę ir matau, kad visi susirinkę prie ugnies. Jie **juokiasi** ir juokauja, o aš matau, kaip ugnis atsispindi jų akyse. Nusišypsau ir atsisėdu šalia draugų. Gera sugrįžti. Kitą rytą pabundu anksti ir pradedu krautis daiktus. Nekantrauju grįžti į kelią ir tęsti kelionę. Atsisveikinu su draugais ir pradedu eiti tolyn. Eidamas paskutinį kartą pažvelgiu į **stovyklavietę**. Tolumoje matau tebedegančią ugnį ir jaučiu ore tvyrantį dūmų kvapą. Nusišypsau ir paspartinu žingsnį. Esu pasiruošęs tęsti **kelionę**.

je sors de l'eau et je m'allonge sur l'herbe, laissant le soleil sécher mon corps. Je ferme les yeux et m'endors, le son des **cigales** me berce dans un profond sommeil. Je laisse le soleil faire sortir l'eau de ma peau. Je sens que ma peau devient rouge, mais je m'en moque. J'ai trop chaud pour m'en soucier. La prochaine chose que je sais, c'est que le soleil se couche. Le ciel est d'un bel orange, avec des traces de rose et de violet. La chaleur a disparu, remplacée par une **brise** fraîche.

Je me lève et me rhabille, me sentant rafraîchie et rajeunie. Je **respire** profondément l'air frais et je souris. C'est bon d'être en vie. Je retourne au camping, en admirant la façon dont les couleurs dansent dans le ciel. Je peux voir le feu de camp qui brûle au loin et je peux sentir la fumée dans l'air. Je souris et j'**accélère le** pas. Je suis prête à me détendre et à profiter du reste de ma soirée. J'entre dans le camping et je vois que tout le monde est rassemblé autour du feu. Ils **rient** et plaisantent, et je peux voir le feu se refléter dans leurs yeux. Je souris et m'assieds à côté de mes amis. C'est bon d'être de retour. Le lendemain matin, je me réveille tôt et je commence à préparer mes affaires. J'ai hâte de retourner sur le sentier et de poursuivre mon voyage. Je dis au revoir à mes amis et commence à m'éloigner. En marchant, je jette un dernier regard sur le **camping**. Je peux voir le feu qui brûle toujours au loin et je peux sentir la fumée dans l'air. Je souris et j'accélère le pas. Je suis prêt à poursuivre mon **voyage**.

Supratimo klausimai

1. Kur eina vaikutis?

2. Koks oras?

3. Kaip atrodo vanduo?

4. Kaip vaikutis reaguoja į karštį?

5. Ką daro žuvis?

6. Kodėl vaikščiotojas yra vienas?

7. Kaip jaučiasi vanduo?

8. Kaip vaikutis jaučiasi po plaukimo?

9. Kuriuo paros metu vaikutis pabunda?

10. Kur eina vaikščiotojas, kai palieka stovyklą?

Questions de compréhension

1. Où va le marcheur ?

2. Quel temps fait-il ?

3. À quoi ressemble l'eau ?

4. Comment le marcheur réagit-il à la chaleur ?

5. Que fait le poisson ?

6. Pourquoi le marcheur est-il seul ?

7. Quelle est la sensation de l'eau ?

8. Comment le marcheur se sent-il après avoir nagé ?

9. A quelle heure de la journée le déambulateur se réveille-t-il ?

10. Où va le marcheur quand il quitte le camp ?

Namas

Praėjusią savaitę persikėliau į naujus namus ir labai
džiaugiuosi! Jis daug didesnis už mano senąjį ir turi
didelį kiemą. Negaliu sulaukti, kada galėsiu pasikviesti
draugų į BBQ ir vakarėlius. Mano **mėgstamiausia**
dalis yra mano naujasis miegamasis. Jis toks didelis ir
šviesus, jame yra daug vietos visiems mano daiktams
susidėti. Esu labai patenkinta savo naujaisiais namais
ir manau, kad čia būsiu labai laiminga. Nusprendžiau
dar šiek tiek patyrinėti namus. Užlipau į antrą aukštą
ir pradėjau keliauti į virtuvę, kai ant sienos pamačiau
didelį juodą vorą! Ėmiau šaukti ir nubėgau žemyn. Aš
taip **išsigandau**! Bet po kelių minučių nusiraminau
ir nusprendžiau grįžti į viršų. Lėtai nuėjau į virtuvę
ir pamačiau, kad voras dingo. Man taip palengvėjo!
Grįžau žemyn ir nusprendžiau išeiti į lauką patyrinėti
kiemo. Jis buvo toks didelis! Negalėjau tuo patikėti.
Kampe pamačiau sūpynes ir čiuožyklą. Taip pat
pamačiau krepšinio tinklą ir **batutą**. Buvau tokia
susijaudinusi!

Negaliu sulaukti, kada galėsiu naudoti visus šiuos
naujus dalykus. Atėjo **kaimynai** ir prisistatė. Jie atrodė
labai malonūs, ir mes kurį laiką kalbėjomės. Jie pakvietė
mane į kitą savaitgalį vyksiančias kepsnines, ir aš
pasakiau, kad mielai ateisiu. Pirmąją savaitę naujuose
namuose praleidau puikiai ir džiaugiuosi visais naujais

La Maison

J'ai emménagé dans ma nouvelle maison la semaine dernière, et je suis si **excitée** ! Elle est tellement plus grande que l'ancienne, et elle a un grand jardin. J'ai hâte d'inviter des amis pour des barbecues et des fêtes. Ce que je **préfère,** c'est ma nouvelle chambre. Elle est si grande et lumineuse, et j'ai beaucoup d'espace pour mettre toutes mes affaires. Je suis très contente de ma nouvelle maison et je pense que je serai très heureuse ici. J'ai décidé d'explorer un peu plus la maison. Je suis monté au deuxième étage et j'ai commencé à me diriger vers la cuisine quand j'ai vu une grosse araignée noire sur le mur ! J'ai crié et j'ai couru en bas. J'avais tellement **peur** ! Mais après quelques minutes, je me suis calmée et j'ai décidé de retourner à l'étage. J'ai lentement fait mon chemin vers la cuisine et j'ai vu que l'araignée était partie. J'étais tellement soulagée ! Je suis redescendu et j'ai décidé de sortir pour explorer le **jardin**. Elle était si grosse ! Je n'arrivais pas à y croire. J'ai vu une balançoire dans le coin et un toboggan. J'ai aussi vu un filet de basket et un **trampoline**. J'étais tellement excitée!

J'ai hâte d'utiliser tous ces nouveaux trucs. Les **voisins** sont venus et se sont présentés. Ils avaient l'air très gentils, et nous avons parlé un moment. Ils m'ont invité à leur barbecue le week-end prochain, et j'ai dit que j'aimerais beaucoup venir. J'ai passé une excellente

nuotykiais, kurie manęs laukia ateityje. Šiandien vėl eisiu tyrinėti kiemo ir pažiūrėsiu, ką dar rasiu. Kas žino, gal net rasiu kokį nors **lobį**. Nekantrauju pamatyti, ką atneš kita savaitė! Kitą savaitę vėl ėjau tyrinėti į kiemą ir radau **slaptą** sodą. Jis buvo toks gražus! Visur buvo gėlių ir mažas tvenkinys su žuvimis. Taip pat pamačiau sūpynes, kurių anksčiau nebuvau matęs. Labai džiaugiausi radęs šį slaptą sodą ir negaliu sulaukti, kada galėsiu jį ištyrinėti daugiau. Jis buvo toks **gražus**!

Visur buvo gėlių ir tvenkinys su žuvimis. Taip pat pamačiau **sūpynes, kurių** anksčiau nebuvau matęs. Labai džiaugiausi radusi šį slaptą sodą ir negaliu sulaukti, kada galėsiu jį patyrinėti daugiau. Man taip pat labai patiko mano naujasis kambarys. Jis buvo toks didelis ir šviesus, o ant sienų jau kabojo mano mėgstamų grupių plakatai. Man net nereikėjo atsivežti jokių savo **baldų,** nes čia jau buvo lova, komoda ir rašomasis stalas. Tai bus patys geriausi metai! Šiek tiek jaudinausi pradėdama mokytis naujoje **mokykloje,** bet visi mano naujieji kaimynai buvo tokie draugiški. Netgi susipažinau su mergaite, kuri gyvena kaimynystėje, ir ji sakė, kad pirmąją dieną eis su manimi į mokyklą pėsčiomis.

première semaine dans ma nouvelle maison et j'ai hâte de vivre toutes les nouvelles aventures qui m'attendent. Aujourd'hui, je vais encore aller explorer le jardin et voir ce que je peux trouver d'autre. Qui sait, peut-être vais-je même trouver un **trésor**. J'ai hâte de voir ce que la semaine prochaine nous réserve ! La semaine suivante, je suis retourné explorer le jardin et j'ai trouvé un jardin **secret**. C'était tellement beau ! Il y avait des fleurs partout et un petit étang avec des poissons dedans. J'ai aussi vu une balançoire que je n'avais jamais vue auparavant. J'étais si excitée de trouver ce jardin secret, et j'ai hâte de l'explorer davantage. C'était tellement **beau** !

Il y avait des fleurs partout et un petit étang avec des poissons dedans. J'ai aussi vu une **balançoire** que je n'avais jamais vue auparavant. J'étais si excitée de trouver ce jardin secret, et j'ai hâte de l'explorer davantage. J'ai aussi adoré ma nouvelle chambre. Elle était si grande et lumineuse, et il y avait déjà des posters de mes groupes préférés sur les murs. Je n'ai même pas eu besoin d'apporter mes propres **meubles** car il y avait déjà un lit, une commode et un bureau. Ça va être la meilleure année de ma vie ! J'étais un peu nerveux à l'idée de commencer dans une nouvelle **école**, mais tous mes nouveaux voisins ont été si gentils. J'ai même rencontré une fille qui habite à côté et elle m'a dit qu'elle m'accompagnerait à l'école le premier jour.

Supratimo klausimai

1. Kur asmuo gyvena?

2. Kaip žmogui patinka naujuose namuose?

3. Kokia yra mėgstamiausia naujojo namo dalis?

4. Ką žmogus rado sode?

5. Kas yra kaimynai?

6. Kaip žmogus jautėsi pirmosiomis dienomis naujuose namuose?

7. Kokia yra mėgstamiausia naujojo kambario dalis?

8. Ką asmuo planuoja daryti rytoj?

9. Kokia buvo geriausia pirmoji asmens savaitė naujuose namuose?

10. Kas yra naujame asmens kambaryje?

Questions de compréhension

1. Où vit la personne ?

2. Comment la personne se sent-elle dans sa nouvelle maison ?

3. Quelle est la partie de la nouvelle maison que la personne préfère ?

4. Qu'est-ce que la personne a trouvé dans le jardin ?

5. Qui sont les voisins ?

6. Comment se sont passés les premiers jours de la personne dans sa nouvelle maison ?

7. Quelle est la partie de la nouvelle pièce que la personne préfère ?

8. Qu'est-ce que la personne prévoit de faire demain ?

9. Quelle a été la meilleure partie de la première semaine de la personne dans sa nouvelle maison ?

10. Qu'y a-t-il dans la nouvelle chambre de la personne ?

Traukinyje

Nubėgau į traukinių stotį, bet pavėlavau. Traukinys
jau buvo išvykęs be manęs. Jaučiausi toks **piktas**
ir **nusivylęs** savimi. Buvau suplanavusi traukiniu
nuvažiuoti aplankyti kaime gyvenančių senelių,
bet dabar turėjau visą valandą laukti kito traukinio.
Nusprendžiau kurį laiką pasivaikščioti po miestą ir
bandžiau pamiršti praleistą progą. Vaikščiodama ėmiau
svajoti apie visas vietas, į kurias gali nuvežti **traukiniai.**
Staiga nebebuvau toks nusiminęs. Grįžtu į stotį ir
negaliu nepastebėti didelio raudonos, baltos ir mėlynos
spalvos lokomotyvo, riedančio link manęs. Tik tada, kai
pro langą pamatau **konduktorių, kuris** man mojuoja,
suprantu, kad šis traukinys skirtas man. Įlipu į traukinį,
susirandu savo vietą ir įsitaisau, kad kelionė bus ilga.

Kai išvažiuojame iš stoties, negaliu nesusimąstyti, kur
šis traukinys mane nuveš. Per žaliuojančius **laukus,**
mėlynas upes, kalnus ir slėnius - nežinia, kur šis senas
traukinys nuveš. Prasidėjus nakčiai, užmiegu **ramiu**
miegu, užliūliuotas **ritmingo** vagonų judėjimo ant
bėgių apačioje. Kai vėl išaušta rytas, atmerkiu akis ir
matau, kad atvykome į mažą miestelį kažkur viduryje
niekur. Saulė vos išlindo iš už horizonto, o pagrindinėje
gatvėje pradeda šurmuliuoti vietiniai gyventojai; čia
viskas atrodo kaip bet kurią kitą dieną, išskyrus vieną

Dans le train

J'ai couru jusqu'à la gare, mais c'était trop tard. Le train était déjà parti sans moi. Je me suis sentie tellement **en colère** et **déçue** de moi-même. J'avais prévu de prendre le train pour rendre visite à mes grands-parents qui vivent à la campagne, mais maintenant je devais attendre le prochain train pendant une heure entière. J'ai décidé de me promener un peu dans la ville à la place et j'ai essayé d'oublier cette occasion manquée. En marchant, j'ai commencé à **rêver à** tous les endroits où le **train** peut vous emmener. Soudain, je n'étais plus aussi contrariée. Je suis retourné dans la gare et je n'ai pu m'empêcher de remarquer la grande locomotive rouge, blanche et bleue qui se dirigeait vers moi. Ce n'est que lorsque je vois le **conducteur** me faire signe par la fenêtre que je réalise que ce train est pour moi. Je monte dans le train et trouve mon siège, m'installant pour ce qui promet d'être un long voyage.

Alors que nous sortons de la gare, je ne peux m'empêcher de me demander où ce train va m'emmener. À travers des **champs** verts et des rivières bleues, en passant par des montagnes et des vallées, on ne sait pas où ce vieux train va aller. À la tombée de la nuit, je m'endors **paisiblement**, bercé par le mouvement **rythmique** des wagons sur les rails en contrebas. Quand le matin revient, j'ouvre les yeux

dalyką - prie rotušės kabo didelis užrašas: "Sveiki atvykę į miestą!" Atrodo, kad šis mažas miestelis mūsų laukė, nors esame tik paprastas **keleivinis** traukinys, važiuojantis pro šalį pakeliui. Kai vėl paliekame miestelį už nugaros ir važiuojame nežinia kur, šypsodamasi stebiu visus draugiškus veidus, kurie mojavo atsisveikindami iš tų mažų namų, įsispraudusių tarp **žemės ūkio paskirties žemės**. Ir, žinoma, **vaikai**.

Pasilenkiu pro lokomotyvo langą. Jie visada mane džiugina savo spindinčiomis akimis ir plačia šypsena. Prieš grįždamas į savo **kabiną** ir atsisėsdamas energingai jiems pamojuojuoju atgal. Diena jau buvo ilga, bet ji dar nesibaigė; iki galutinio **kelionės tikslo liko** dar kelios valandos. Išsitraukiu knygą ir pradedu skaityti, leisdamas, kad ritmingas traukinio siūbavimas užliūliuotų mane į ramią būseną.

pour constater que nous sommes arrivés dans une petite ville quelque part au milieu de nulle part. Le soleil pointe à peine à l'horizon et les habitants commencent à s'agiter dans la rue principale ; c'est un jour comme les autres ici, à l'exception d'une chose : il y a un grand panneau près de l'hôtel de ville qui dit "Bienvenue à bord". Il semble que cette petite ville nous attendait, même si nous ne sommes qu'un train de **voyageurs** ordinaire qui passe par là pour aller ailleurs. Alors que nous laissons la ville derrière nous une fois de plus, en direction d'on ne sait où, je souris à tous les visages amicaux qui nous saluent depuis ces petites maisons nichées au milieu des **terres agricoles - c**'est vraiment étonnant de voir comment quelque chose d'apparemment si ordinaire peut apporter tant de joie simplement en passant par là. Et puis, bien sûr, il y a les **enfants**.

Je me penche par la fenêtre de ma locomotive. Ils me rendent toujours si heureux avec leurs yeux brillants et leurs grands sourires. Je leur fais un signe de la main énergique avant de retourner dans ma **cabine** et de m'asseoir. La journée a déjà été longue, mais elle n'est pas encore terminée ; il reste encore quelques heures avant d'atteindre notre **destination** finale. Je sors mon livre et commence à lire, laissant le balancement rythmique du train me bercer dans un état paisible.

Supratimo klausimai

1. Kur važiuoja traukinys?

2. Kas keliauja traukiniu?

3. Kada išvyksta traukinys?

4. Kaip veikėjas patenka į traukinį?

5. Iš kur atvyksta traukinys?

6. Kur toliau važiuoja traukinys?

7. Kada atvyko keleiviai?

8. Kaip jaučiasi veikėjas, kai pavėluoja į traukinį?

9. Kaip reaguoja traukinio mašinistas, pamatęs pagrindinį veikėją?

10. Kodėl veikėjas mėgsta traukinius?

Questions de compréhension

1. Où va le train ?

2. Qui voyage dans le train ?

3. Quand le train part-il ?

4. Comment le protagoniste monte-t-il dans le train ?

5. D'où vient le train ?

6. Où le train va-t-il ensuite ?

7. Quand les passagers sont-ils arrivés ?

8. Que ressent le protagoniste lorsqu'il rate le train ?

9. Comment le conducteur du train réagit-il lorsqu'il voit le protagoniste ?

10. Pourquoi le protagoniste aime-t-il les trains ?

Vakarienės gaminimas

Dabar 17 val., einu iš darbo namo. **Laukiu** ramaus vakaro namuose su savo partneriu. Kartu gaminsime vakarienę, o paskui tiesiog atsipalaiduosime likusią nakties dalį. Gera žinoti, kad šį **vakarą** neturiu jokių planų ar įsipareigojimų. Grįžtu namo, o mano partneris jau virtuvėje ir pradeda ruošti vakarienę. Čia **nuostabiai** kvepia! Gamindami maistą kalbamės, pasakojame apie vienas kito dienas ir dalijamės mažomis istorijomis iš savo darbo gyvenimo. Virtuvė yra mano mėgstamiausias mūsų buto kambarys. Man patinka gaminti maistą, o ypač patinka gaminti su savo partneriu. Čia visada taip gerai leidžiame laiką, juokiamės ir juokaujame, kol gaminame maistą. Be to, kai dirbame **kartu,** maistas visada būna **neįtikėtinas**.

Šįvakar gaminsime vieną mėgstamiausių mano receptų: **vištieną** su parmezanu. Mano partneris pradeda kepti vištieną, o aš ant **viryklės** verdu padažą. Dirbame kartu kaip gerai sutepta mašina, ir netrukus vakarienė jau paruošta patiekti. Sėdime prie savo mažo virtuvės stalo, kurio **lėkštės** prikrautos parmezano vištienos, makaronų ir salotų. Skimbtelime taurėmis ir pirmą kartą užkandame - ir tai tiesiog **dieviška!** Vištiena iš išorės traški, o viduje sultinga; padažas aromatingas ir tobulas; makaronai išvirti al dente... viskas šį vakarą

Cuisiner le dîner

Il est 17 heures et je rentre à pied du travail. J'ai **hâte** de passer une soirée tranquille à la maison avec mon partenaire. Nous allons préparer le dîner ensemble et nous détendre pour le reste de la nuit. C'est agréable de savoir que je n'ai aucun projet ni aucune obligation ce **soir**. J'arrive à la maison et mon partenaire est déjà dans la cuisine, en train de préparer notre dîner. Ça sent **très bon** ici ! Nous bavardons tout en cuisinant, prenant des nouvelles de nos journées respectives et partageant des petites histoires de nos vies professionnelles. La cuisine est ma pièce préférée dans notre appartement. J'adore cuisiner, et j'aime particulièrement cuisiner avec mon partenaire. Nous passons toujours un bon moment ici, à rire et à plaisanter pendant que nous cuisinons. De plus, la nourriture est toujours **incroyable** lorsque nous travaillons **ensemble**.

Ce soir, nous faisons l'une de mes recettes préférées : le **poulet au** parmesan. Mon partenaire commence par paner le poulet pendant que je fais mijoter la sauce sur la **cuisinière**. Nous travaillons ensemble comme une machine bien huilée, et en peu de temps, le dîner est prêt à être servi. Nous nous asseyons à notre petite table de cuisine avec des **assiettes** remplies de poulet

visiškai tobula. Abu žinome, kad tai buvo vienas iš tų vakarų, kai viskas puikiai susiklostė, nes **mėgaujamės** kiekvienu gardžiu kąsniu. Skonis buvo dar geresnis nei kvapas - o jis buvo velniškai geras! Valgį baigiame gana greitai, nes nė vienas iš mūsų šiandien nebuvo itin alkanas, bet neskubėdami mėgaujamės dar keliomis **taurėmis** vyno, lengvai šnekučiuodamiesi tai viena, tai kita tema. Po vakarienės kartu greitai nusiprausiame ir persikeliame į kambarį, kur kurį laiką **glaudžiamės** ant sofos žiūrėdami televizorių.

Po ilgos **darbo** dienos, praleistos atskirai, taip malonu būti šalia vienas kito. Jaučiuosi patenkinta. Nors vakaras nebuvo turiningas, buvo malonu tiesiog pabūti kartu, neišeinant iš namų. Pažiūrėjome filmą ir anksti nuėjome miegoti, jausdamiesi **patenkinti** savo paprastu vakaru. Tai tapo vienu **mėgstamiausių** mūsų užsiėmimų vakarais, kai nenorime niekur eiti - tiesiog atsipalaiduoti namie ir mėgautis vienas kito draugija prie namuose paruošto maisto.

au parmesan, de pâtes et de salade. Nous faisons tinter les verres et prenons notre première bouchée - et c'est **divin** ! Le poulet est croustillant à l'extérieur mais juteux à l'intérieur ; la sauce est savoureuse et parfaite ; les pâtes sont cuites al dente... tout a un goût absolument parfait ce soir. Nous savons tous les deux que c'était l'une de ces nuits où tout s'est parfaitement réuni alors que nous **savourons** chaque bouchée de notre délicieux repas. Le goût était encore meilleur que l'odeur, qui était sacrément bonne ! Nous terminons notre repas assez rapidement car aucun de nous n'a particulièrement faim aujourd'hui, mais nous prenons notre temps en dégustant quelques **verres** de vin supplémentaires tout en discutant légèrement de tel ou tel sujet. Après le dîner, nous nettoyons rapidement ensemble et passons au salon, où nous passons un moment à **nous câliner** sur le canapé en regardant la télévision.

C'est tellement agréable d'être près l'un de l'autre après une longue journée de **travail** séparé. Je me sens satisfaite. Même si la soirée n'a pas été très animée, c'était agréable de passer du temps ensemble sans avoir à quitter la maison. Nous avons regardé un film et nous nous sommes couchés tôt, **satisfaits** de notre simple soirée. C'est devenu l'une de nos activités **préférées** les soirs où nous n'avons pas envie de sortir - se détendre à la maison et profiter de la compagnie de l'autre autour d'un repas fait maison.

Supratimo klausimai

1. Iš kur kilęs pasakotojas?

2. Ką pasakotojas veikia po darbo?

3. Ką pasakotojas valgo vakarienei?

4. Kodėl pasakotojui patinka virtuvė?

5. Kokį patiekalą gamina pora?

6. Kaip pasakotojas jaučiasi vakaro pabaigoje?

7. Ką pora mėgsta veikti?

8. Ką pora daro, kai pavargsta?

9. Kur jie miega?

10. Kodėl pasakotojas mėgsta likti namuose?

Questions de compréhension

1. D'où vient le narrateur ?

2. Que fait le narrateur après le travail ?

3. Que mange le narrateur pour le dîner ?

4. Pourquoi le narrateur aime-t-il la cuisine ?

5. Quel genre de plat le couple cuisine-t-il ?

6. Que ressent le narrateur à la fin de la soirée ?

7. Quelle est l'activité préférée du couple ?

8. Que fait le couple quand il est fatigué ?

9. Où dorment-ils ?

10. Pourquoi le narrateur aime-t-il rester à la maison ?

Vaikščiojimas namo

Buvo **rami** naktis, kai ėjau namo iš darbo. Eidamas negalėjau nesišypsoti prisiminimams. Buvo gera grįžti į savo senąjį rajoną. Mojau keliems pažįstamiems žmonėms, o jie mojavo man atgal. Buvo gera būti namie. Ėjau pro savo senąją mokyklą ir **prisiminiau** visus gerus laikus, praleistus su draugais. Visada kartu eidavome namo ir kalbėdavomės apie savo dieną. **Kartais** sustodavome nusipirkti ledų arba nueidavome į parką. Tai buvo geriausi laikai. Pasiilgau tų laikų. Bet dabar turiu savo šeimą ir esu patenkintas savo gyvenimu. Džiaugiuosi, kad galiu atsigręžti į tuos prisiminimus ir šypsotis. Jie yra mano gyvenimo dalis, kurią visada branginsiu. Tai buvo geriausi laikai. Pasiilgstu tų laikų. Bet dabar turiu savo šeimą ir esu laimingas savo gyvenimu. Džiaugiuosi, kad galiu atsigręžti į tuos **prisiminimus** ir šypsotis. Jie yra mano gyvenimo dalis, kurią visada branginsiu.

Einu toliau, galvodamas apie gerus laikus, praleistus su draugais. Žinau, kad netrukus vėl juos pamatysiu. Einu namų link ir nusprendžiu pasivaikščioti po netoliese esantį parką. Saulė leidžiasi ir dangus nusidažo **gražia** oranžine spalva. Parkas tuščias, išskyrus kelis medžiuose čiulbančius paukščius. Giliai **įkvepiu** ir nusišypsau. Eidamas per parką matau, kaip dangumi

Walking Home

C'était une nuit **paisible** alors que je rentrais du travail. En marchant, je ne pouvais m'empêcher de sourire aux souvenirs. C'était bon d'être de retour dans mon ancien quartier. J'ai salué quelques personnes que je connaissais, et elles m'ont salué en retour. C'était bon d'être chez soi. Je suis passé devant mon ancienne école et je **me suis souvenu de** tous les bons moments que j'ai passés avec mes amis. On rentrait toujours ensemble à la maison et on parlait de notre journée. **Parfois,** on s'arrêtait pour acheter une glace ou aller au parc. C'était les meilleurs moments. Ces moments me manquent. Mais maintenant, j'ai ma propre famille et je suis heureuse de ma vie. Je suis heureux de pouvoir repenser à ces souvenirs et de sourire. Ils font partie de ma vie et je les chérirai toujours. C'était les meilleurs moments. Ils me manquent. Mais maintenant, j'ai ma propre famille et je suis heureux de ma vie. Je suis heureux de pouvoir repenser à ces **souvenirs** et de sourire. Ils font partie de ma vie et je les chérirai toujours.

Je continue à marcher, en pensant aux bons moments que j'ai passés avec mes amis. Je sais que je les reverrai bientôt. Je me dirige vers ma maison et décide de me promener dans un parc à proximité. Le soleil se

nusidriekia krintanti žvaigždė. Palinkėjau tai žvaigždei ir ėjau toliau. Pagalvoju apie savo darbo dieną ir apie tai, kokia ji buvo **rami.** Šypsausi sau, galvodamas apie tai, kaip man pasisekė, kad turiu tokį puikų darbą. Einu namo, **jausdamas** ant odos vėsų nakties orą. Jaučiuosi tokia gyva ir laiminga, tiesiog mėgaujuosi paprastu ėjimu namo ramią naktį. Jaučiausi taip gerai, kad pradėjau **švilpauti**. Praėjau pro kelis žmones gatvėje, bet jie visi rūpinosi savo reikalais.

Pasukusi už kampo į savo gatvę, pamačiau kaimynės katiną poną Viskersą, sėdintį verandoje. Pasisveikinau su juo ir jis miauktelėjo atgal. **Atrakinau** duris ir įėjau į vidų. Buvau tokia laiminga, kad esu namie. Nusiaviau batus ir susiruošiau miegoti. Tą vakarą ėjau miegoti jausdamasis laimingas ir dėkingas, mano širdis buvo pilna meilės. Visą naktį miegojau ramiai, dėl nieko nesijaudindamas. Pabudau iš ramaus miego ir mane **pasitiko** pro langą šviečianti saulė. Pakilau iš lovos ir išsitiesiau, giliai įkvėpiau ir pajutau, kaip vėsus oras pripildo mano plaučius.

couche et le ciel prend une **belle** couleur orange. Le parc est vide, à l'exception de quelques oiseaux qui gazouillent dans les arbres. Je prends une profonde **inspiration** et je souris. Alors que je marche dans le parc, je vois une étoile filante traverser le ciel. J'ai fait un vœu sur cette étoile et j'ai continué à marcher. Je pense à ma journée de travail et au **calme qui** y régnait. Je souris à moi-même, en pensant à la chance que j'ai d'avoir un si bon travail. Je rentre chez moi, en **sentant l'**air frais de la nuit sur ma peau. Je me sens si vivante et heureuse, profitant du simple fait de rentrer chez moi par une nuit paisible. Je me sentais si bien que j'ai commencé à **siffler**. Je suis passé devant quelques personnes dans la rue, mais elles s'occupaient toutes de leurs affaires.

J'ai tourné le coin de ma rue et j'ai vu le chat de mon voisin, M. Whiskers, assis sur mon porche. Je lui ai dit bonjour et il miaulait en retour. J'ai **déverrouillé** ma porte et je suis entrée. J'étais si heureuse d'être chez moi. J'ai enlevé mes chaussures et me suis préparée pour aller me coucher. Je me suis couchée ce soir-là, heureuse et reconnaissante, le cœur plein d'amour. J'ai dormi profondément toute la nuit, sans me soucier de rien. Je me suis réveillée d'un sommeil réparateur et j'ai été **accueillie** par le soleil qui brillait à travers ma fenêtre. Je suis sorti du lit et me suis étiré, prenant une profonde inspiration et sentant l'air frais remplir mes poumons.

Supratimo klausimai

1. Ką veikė pagrindinis veikėjas, kai istorija prasidėjo?

2. Apie ką veikėjas galvojo eidamas namo?

3. Ką veikėjas veikdavo su draugais po pamokų?

4. Ko veikėjas pasigenda iš tų laikų?

5. Ką veikėjas galvoja apie savo dabartinį gyvenimą?

6. Ką daro pagrindinis veikėjas, pamatęs krintančią žvaigždę?

7. Kaip jaučiasi veikėjas, kai eina namo?

8. Ką veikėjas daro grįžęs namo?

9. Kaip jaučiasi veikėjas, kai pabunda kitą rytą?

10. Ką veikėjas veikia kitą dieną?

Questions de compréhension

1. Que faisait le protagoniste au début de l'histoire ?

2. À quoi le protagoniste a-t-il pensé en rentrant chez lui ?

3. Qu'est-ce que le protagoniste avait l'habitude de faire avec ses amis après l'école ?

4. Qu'est-ce que le protagoniste regrette de cette époque ?

5. Que pense le protagoniste de sa vie actuelle ?

6. Que fait le protagoniste lorsqu'il voit une étoile filante ?

7. Que ressent le protagoniste lorsqu'il rentre à pied chez lui ?

8. Que fait le protagoniste lorsqu'il rentre chez lui ?

9. Que ressent le protagoniste lorsqu'il se réveille le lendemain matin ?

10. Que fait le protagoniste le lendemain ?

Pilis

Šeima visada norėjo aplankyti seną pilį **Vokietijoje**
ir galiausiai išsiruošė į kelionę. Jie **nenusivylė**. Pilis
buvo graži, jiems patiko tyrinėti daugybę jos kambarių
ir koridorių. Pirmiausia juos pribloškė kvapas. Jie aptiko
pelėsio, drėgmės ir dar kažko, ko negalėjo įvardyti.
Antrasis dalykas buvo garsas. Akmeninės sienos
storos, bet jos visiškai nenuslopina garso. Jie girdėjo
kiekvieną žingsnį, kiekvieną normaliu balsu ištartą žodį
ir retkarčiais **kažkur** tolumoje pasigirstantį vandens
lašėjimą. Kai akys prisitaikė prie neryškios šviesos,
pamatė aplink juos stūksančias masyvias akmenines
sienas, nuo kurių kabojo gobelenai **suplėšytais**
gabalais. Jie stovėjo didžiulėje salėje su aukštomis
lubomis, kurias palaikė raižytos kolonos. Jiems taip
pat patiko vaizdai iš bokštelių, o vaikai puikiai leido
laiką bėgiodami po teritoriją. Kai jie baigė tyrinėti pilį,
pradėjo leistis **saulė**, ir jie apgailestavo, kad nepasiėmė
žibintuvėlio. Jie nusprendė grįžti atgal prie įėjimo, bet
netrukus pasiklydo. Jiems atrodė, kad jie klaidžioja
ištisas valandas, kol galiausiai priėjo duris, vedančias
į lauką. Jie ėjo toliau, kol **pasiekė** koridoriaus galą
ir priėjo prie įspūdingų dvigubų durų. Kad ir kaip
stengėsi, durys nejudėjo. Jos **grėsmingai** trakštelėjo,
bet nepajudėjo nė per centimetrą. Atrodė, kad tas, kas
čia buvo anksčiau, turėjo pro jas praeiti ir užrakinti iš

Le château

La famille avait toujours voulu visiter un vieux château en **Allemagne**, et elle a finalement fait le voyage. Ils n'ont pas été **déçus**. Le château était magnifique, et ils ont pris plaisir à explorer ses nombreuses pièces et couloirs. La première chose qui les frappe est l'odeur. Ils ont trouvé de la **moisissure**, de l'humidité et quelque chose d'autre qu'ils n'ont pas réussi à identifier. La deuxième chose a été le son. Les murs de pierre sont épais, mais ils n'étouffent pas complètement le son. Ils ont entendu chaque pas, chaque mot prononcé d'une voix normale, et le goutte-à-goutte occasionnel de l'eau **quelque part** au loin. Lorsque leurs yeux se sont adaptés à la faible lumière, ils ont vu des murs de pierre massifs se dresser tout autour d'eux, des tapisseries en **lambeaux y étant** suspendues. Ils se tenaient dans un immense hall avec un haut plafond soutenu par des piliers sculptés. Ils ont également aimé les vues depuis les tourelles, et les enfants ont eu beaucoup de plaisir à courir dans le parc. Le **soleil** avait commencé à se coucher lorsqu'ils ont fini d'explorer le château, et ils ont regretté de ne pas avoir apporté de **lampe de poche**. Ils ont décidé de retourner à l'entrée, mais ils se sont vite perdus. Ils errent pendant des heures, jusqu'à ce qu'ils trouvent enfin une porte qui mène à l'extérieur. Ils ont continué jusqu'à ce qu'ils **atteignent le** bout du

vidaus. Galiausiai jie rado išeitį. Išėjus į vėsų nakties orą juos apėmė palengvėjimas.

Saulė pradėjo leistis, ir jie **apgailestavo, kad** nepasiėmė žibintuvėlio. Jie nusprendė grįžti atgal prie įėjimo, bet netrukus pasimetė. Jiems atrodė, kad jie klaidžioja ištisas valandas, kol galiausiai priėjo duris, vedančias į **lauką**. Kai jie išėjo į vėsų nakties orą, juos apėmė palengvėjimas. Kitą vakarą jie būtinai pasiėmė žibintuvėlį, kad ištyrinėtų likusią pilies dalį. Jie ėjo per **kiemą** ir nusileido prie upės, tekančios už **pilies** sienų. Vaikščiodami jie ėmė girdėti keistus garsus. Atrodė, kad kažkas juos seka. Jie paspartino žingsnį, bet garsai darėsi vis stipresni ir artimesni. Šeima kuo greičiau nubėgo atgal į pilį ir su palengvėjimu pastebėjo, kad **tamsiu** apsiaustu vilkinti figūra jų nesekė.

couloir et arrivent à une imposante série de doubles portes. Ils ont beau essayer, les portes ne bougent pas. Elles cliquettent **sinistrement** mais ne bougent pas d'un pouce. On dirait que celui qui était ici avant a dû passer par là et les verrouiller de l'intérieur. Finalement, ils ont trouvé un moyen de sortir. Le soulagement les envahit alors qu'ils sortent dans l'air frais de la nuit.

Le soleil avait commencé à se coucher, et ils **regrettaient de ne pas avoir** apporté de lampe de poche. Ils ont décidé de retourner à l'entrée, mais ils se sont vite perdus. Ils ont erré pendant ce qui leur a semblé être des heures, jusqu'à ce qu'ils trouvent enfin une porte qui menait à **l'extérieur**. Le soulagement les a envahis alors qu'ils sortaient dans l'air frais de la nuit. Le lendemain soir, ils ont pris soin d'emporter une lampe de poche pour explorer le reste du château. Ils ont traversé la **cour** et sont descendus jusqu'à la rivière qui coulait derrière les murs du **château**. Alors qu'ils se promenaient, ils ont commencé à entendre des bruits étranges. On aurait dit que quelqu'un les suivait. Ils accélèrent le pas, mais les bruits deviennent plus forts et plus proches. Les membres de la famille courent vers le château aussi vite qu'ils le peuvent, et ils sont soulagés de voir que la silhouette au manteau **sombre** ne les a pas suivis.

Supratimo klausimai

1. Ką darė šeima, kai pasiklydo pilyje?

2. Kaip jautėsi šeima, kai sužinojo, kad tai tik vietinis žmogus?

3. Ką vyras padarė, kad buvo suimtas?

4. Kokia bausmė buvo skirta tam vyrui?

5. Kokį triukšmą šeima girdėjo eidama?

6. Kur buvo figūra tamsiu apsiaustu, kai šeima ją pamatė?

7. Ką šeima darė grįžusi į savo kambarį?

8. Kada šeima vėl išvyko apžiūrėti pilies?

9. Kokio dalyko šeima negalėjo suprasti?

10. Ką šeima veikė prieš vėl eidama tyrinėti pilies?

Questions de compréhension

1. Qu'a fait la famille lorsqu'elle s'est perdue dans le château ?

2. Comment la famille s'est-elle sentie quand elle a découvert que c'était juste un homme du coin ?

3. Qu'a fait l'homme qui a été arrêté ?

4. Quelle a été la sentence pour cet homme ?

5. Quel bruit la famille a-t-elle entendu pendant qu'elle marchait ?

6. Où était le personnage au manteau sombre quand la famille l'a vu ?

7. Qu'a fait la famille en rentrant dans sa chambre ?

8. Quand la famille est-elle repartie explorer le château ?

9. Quelle était la chose sur laquelle la famille n'arrivait pas à mettre le doigt ?

10. Qu'a fait la famille avant de retourner explorer le château ?

Mano sodas

Mano sodas yra mano laimės vieta. Kiekvieną
dieną, lyjant ar šviečiant lietui, einu į jį ir leidžiu laiką
prižiūrėdama savo augalus. Turiu **visko po** truputį -
daržovių, vaisių, gėlių, žolelių. Turiu net kelias vištas,
kurios padeda saugotis kenkėjų. Dienas sode pradedu
nuo vištų kiaušinių. Tada patikrinu savo daržoves,
įsitikinu, kad jos gauna pakankamai vandens ir saulės.
Išraviu lysves ir išnaikinu visus augalus **puolančius**
vabalus. Kai **viskas sutvarkyta,** atsisėdu ir mėgaujuosi
gamtos ramybe.

Visada mėgau leisti laiką sode. Yra kažkas tokio, kai
mane supa gamta ir visas jos teikiamas **grožis.** Manau,
kad tai labai rami ir guodžianti vieta. Dažnai sode
praleidžiu laiką tiesiog ilsėdamasi ir mėgaudamasi
kraštovaizdžiu. Man taip pat patinka dirbti sode ir
auginti augalus. Turiu gana nemažą sodą ir mėgstu
jame auginti **įvairius** daiktus. Auginu gėles, **daržoves**
ir žoleles. Taip pat turiu keletą vaismedžių, kurie augina
skanius obuolius, kriaušes ir slyvas. Be to, kad auginu
augalus, man taip pat patinka leisti laiką vaikštinėjant
po sodą ir **grožintis** įvairiais augalais ir gyvūnais,
kurie čia gyvena. Per daugelį metų praleidau daugybę
valandų, kad mano **sodas būtų** ne tik gražus, bet
ir funkcionalus. Mėgstu stebėti, kaip aplink skraido

Mon jardin

Mon jardin est mon coin de paradis. J'y vais tous les jours, qu'il pleuve ou qu'il vente, et je passe du temps à m'occuper de mes plantes. J'ai un peu de **tout :** **légumes**, fruits, fleurs, herbes. J'ai même quelques poules qui m'aident à tenir les parasites à distance. Je commence mes journées dans le jardin en ramassant les œufs des poules. Puis je vérifie que mes légumes reçoivent suffisamment d'eau et de soleil. Je désherbe les plates-bandes et j'élimine les insectes qui pourraient **attaquer** les plantes. Une fois que **tout est** fait, je m'assois et je profite de la paix et du calme de la nature.

J'ai toujours aimé passer du temps dans mon jardin. Il y a quelque chose dans le fait d'être entouré par la nature et toute la **beauté qu'**elle a à offrir. Je trouve que c'est un endroit très paisible et apaisant. Je passe souvent du temps dans mon jardin à me détendre et à profiter du paysage. J'aime aussi travailler dans mon jardin et faire pousser des choses. J'ai un jardin d'assez bonne taille et j'aime y faire pousser toutes **sortes** de choses. Je fais pousser des fleurs, des **légumes** et des herbes aromatiques. J'ai aussi quelques arbres fruitiers qui produisent de délicieuses pommes, poires et prunes. En plus de faire pousser des choses, j'aime aussi passer du temps à me promener dans mon jardin,

paukščiai, ir klausytis jų giesmių. Kartais net atsinešu knygą ir skaitau sode, apsupta viso mano sukurto grožio. **Sodininkystė** yra mano aistra ir teikia man daug džiaugsmo. Kiekviena diena mano sode yra gera diena.

Vienas iš dalykų, kuriuos mėgstu daryti, yra gaminti maistą, todėl man labai **svarbu** turėti gerai prižiūrimą prieskoninių žolelių sodą. Čiobreliai, bazilikai, raudonėliai, rozmarinai, šalavijai ir levandos - tai tik keletas žolelių, kurias mėgstu auginti savo sode, kad galėčiau jas naudoti gamindama maistą sau ar **svečiams**. Dar vienas man svarbus dalykas, kai kalbame apie mano sodą, yra užtikrinti, kad jame būtų daug spalvų. Šiam tikslui pasiekti auginu įvairias gėles, įskaitant **rožes**, lelijas, margučius, tulpes, impatiens, medetkas ir kt. Gėlėmis ne tik suteikiu spalvų, bet ir mėgstu sodui suteikti įdomumo naudodama įvairias **tekstūras.** Pavyzdžiui, po aukštomis saulėgrąžomis galiu pasodinti paparčių, o **šalia** dygliuotų dekoratyvinių žolių - hostų. Nesvarbu, kas vyksta gyvenime, darbas sode visada padeda man jaustis labiau susijusiam su gamta ir susitaikyti su savimi.

à **admirer** toutes les plantes et tous les animaux qui y vivent. J'ai passé de nombreuses heures au fil des ans à faire de mon **jardin** un endroit non seulement beau mais aussi fonctionnel. J'aime regarder les oiseaux voltiger et les écouter chanter. Parfois, je sors même un livre et je lis dans le jardin, entourée de toute la beauté que j'ai créée. Le **jardinage** est ma passion et il m'apporte tant de joie. Chaque jour dans mon jardin est un bon jour.

L'une des choses que j'aime faire, c'est cuisiner. Il est donc très **important pour moi d'**avoir un jardin d'herbes aromatiques bien garni. Le thym, le basilic, l'origan, le romarin, la sauge et la lavande sont quelques-unes des herbes que j'aime faire pousser dans mon jardin pour pouvoir les utiliser lorsque je prépare des repas pour moi ou pour mes **invités**. Une autre chose qui est importante pour moi quand il s'agit de mon jardin, c'est de m'assurer qu'il y a beaucoup de couleurs dans tout le jardin. Pour atteindre cet objectif, je cultive une grande variété de fleurs, notamment des **roses**, des lys, des marguerites, des tulipes, des impatiens, des soucis, etc. En plus d'ajouter de la couleur avec les fleurs, j'aime aussi ajouter de l'intérêt en utilisant différentes **textures** dans le jardin. Par exemple, je peux planter des fougères sous des tournesols imposants ou des hostas à **côté de** graminées ornementales hérissées.

Supratimo klausimai

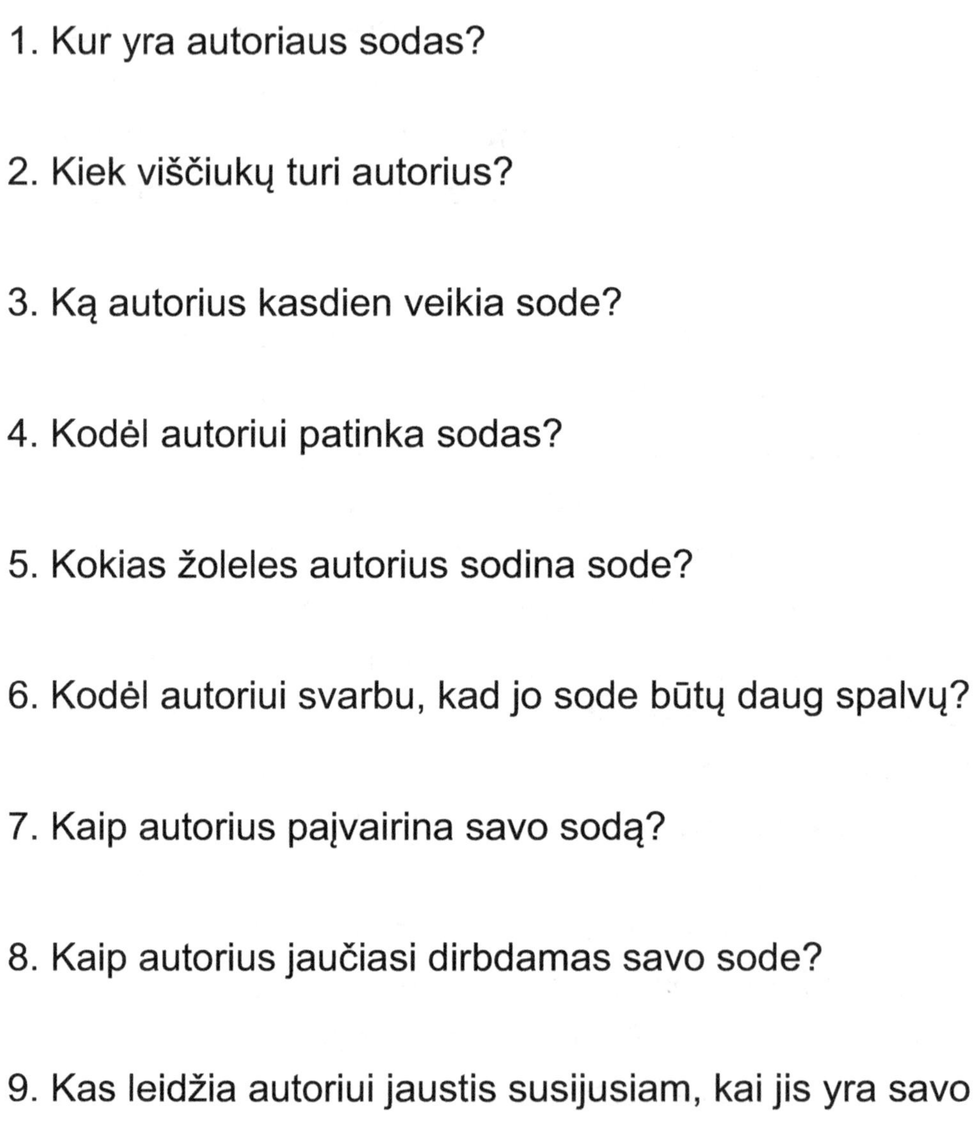

1. Kur yra autoriaus sodas?

2. Kiek viščiukų turi autorius?

3. Ką autorius kasdien veikia sode?

4. Kodėl autoriui patinka sodas?

5. Kokias žoleles autorius sodina sode?

6. Kodėl autoriui svarbu, kad jo sode būtų daug spalvų?

7. Kaip autorius paįvairina savo sodą?

8. Kaip autorius jaučiasi dirbdamas savo sode?

9. Kas leidžia autoriui jaustis susijusiam, kai jis yra savo sode?

10. kodėl kiekviena diena autoriaus sode yra gera diena?

Questions de compréhension

1. Où se trouve le jardin de l'auteur ?

2. Combien de poulets l'auteur possède-t-il ?

3. Que fait l'auteur dans le jardin tous les jours ?

4. Pourquoi l'auteur aime-t-il le jardin ?

5. Quelles herbes l'auteur plante-t-il dans le jardin ?

6. Pourquoi est-il important pour l'auteur qu'il y ait beaucoup de couleurs dans son jardin ?

7. Comment l'auteur apporte-t-il de la variété à son jardin?

8. Que ressent l'auteur lorsqu'il travaille dans son jardin?

9. Qu'est-ce qui fait que l'auteur se sent connecté quand il est dans son jardin ?

10. Pourquoi chaque jour dans le jardin de l'auteur est-il un bon jour ?

Apsipirkinėjimas

Man patinka **apsipirkinėti** prekybos centre. Visada labai smagu vaikščioti ir apžiūrinėti įvairias parduotuves. Prekybos centre kiekvienas ras ką nors sau, be to, čia visada galima rasti puikių drabužių, batų ir aksesuarų pasiūlymų. **Paprastai** apsipirkimą pradedu eidama pro pagrindinį prekybos centro **įėjimą.** Iš ten pirmiausia einu į savo mėgstamiausias parduotuves. Apžiūrėjęs šias parduotuves, vaikštau aplinkui ir žiūriu, ar kitose vietose nevyksta išpardavimai. Paprastai prekybos centre praleidžiu porą valandų, kol galiausiai apsiperku. Apsipirkinėdamas visada mėgstu neskubėti, **nes** noriu būti tikras, kad įsigysiu **būtent** tai, ko noriu. Be to, taip tiesiog smagiau!

Man visada labai **įdomu** stebėti žmones prekybos centre. Iš to, kaip žmogus apsipirkinėja, galima daug ką pasakyti apie žmogų. Vieni žmonės yra labai metodiški ir neskuba, o kiti, atrodo, tiesiog griebia **viską, ką** gali, ir kuo greičiau eina prie kasos. Yra ir tokių pirkėjų, kuriems labiau rūpi kalbėti mobiliuoju telefonu ar rašyti žinutes, nei žiūrėti į prekes! Tačiau nesvarbu, koks pirkėjas esate, atrodo, kad visiems patinka vaikščioti po vitrinas, net jei iš tikrųjų nieko nenusiperkate. Tiesiog kažkas mane džiugina žiūrint į visus gražius daiktus parduotuvių **vitrinose.** Kartais fantazuoju,

Faire du shopping

J'adore aller **faire du shopping** au centre commercial. C'est toujours très amusant de se promener et de regarder tous les différents magasins. Il y en a pour tous les goûts au centre commercial et c'est toujours l'endroit idéal pour faire des affaires sur les vêtements, les chaussures et les accessoires. Je commence **généralement** mon shopping en passant par l'**entrée** principale du centre commercial. De là, je me dirige d'abord vers mes magasins préférés. Après avoir fait le tour de ces magasins, je me promène pour voir s'il y a des soldes dans d'autres endroits. Je finis généralement par passer quelques heures dans le centre commercial avant de faire mes achats. J'aime toujours prendre mon temps lorsque je fais du shopping, **car** je veux être sûre d'obtenir **exactement** ce que je veux. En plus, c'est plus amusant comme ça !

Je trouve toujours **fascinant** d'observer les gens quand je suis au centre commercial. On peut vraiment en apprendre beaucoup sur une personne par sa façon de faire ses courses. Certaines personnes sont très méthodiques et prennent leur temps, tandis que d'autres semblent prendre **tout ce qu'**elles peuvent et se diriger vers la caisse aussi vite que possible. Il y a aussi les acheteurs qui semblent plus intéressés

kaip būtų, jei galėčiau sau leisti **viską, ką** matau!
Apskritai, apsipirkinėjimas prekybos centre yra vienas
iš mano mėgstamiausių užsiėmimų. Tai puikus būdas
atsipalaiduoti ir pailsėti, o kartu ir šiek tiek pasportuoti
(jei pakankamai vaikštote). Be to, **visada** malonu
retkarčiais pasilepinti naujais marškinėliais ar batų pora!

Turėjau **ilgą** darbo dieną ir pagaliau turėjau laisvo
laiko, todėl nusprendžiau apsipirkti prekybos centre.
Man reikėjo naujų drabužių **artėjančiam** sezonui.
Vos įžengusi į vidų pamačiau visas ryškias šviesas
ir blizgančias parduotuvių vitrinas. Pirmiausia
nuėjau į savo mėgstamiausią parduotuvę ir pradėjau
naršyti po lentynas. Radau keletą mielų palaidinių ir
pasimatavau jas persirengimo kambaryje. Žiūrėdama
į save veidrodyje išgirdau, kaip kažkas įėjo į gretimą
persirengimo kabiną. Atpažinau jo balsą kaip vieno iš
savo bendradarbių.

à parler au téléphone portable ou à envoyer des SMS qu'à regarder la marchandise ! Quel que soit le type d'acheteur, tout le monde semble apprécier le lèche-vitrine, même si vous n'achetez rien. Il y a quelque chose qui me rend heureuse dans le fait de regarder toutes ces jolies choses dans les **vitrines des magasins**. Parfois, je m'imagine comment ce serait si je pouvais m'offrir **tout ce que** je vois ! En fin de compte, passer une journée à faire du shopping au centre commercial est l'un de mes passe-temps favoris. C'est un excellent moyen de se détendre et de se relaxer tout en faisant un peu d'exercice (si vous marchez suffisamment). Et puis, c'est **toujours** agréable de s'offrir une nouvelle chemise ou une nouvelle paire de chaussures de temps en temps !

J'ai eu une **longue** journée de travail et j'ai enfin eu du temps pour moi, alors j'ai décidé d'aller faire du shopping au centre commercial. J'avais besoin de nouveaux vêtements pour la saison **à venir**. Dès que je suis entrée, j'ai vu toutes les lumières vives et les façades brillantes des magasins. Je me suis dirigée vers mon magasin préféré en premier et j'ai commencé à parcourir les rayons. J'ai trouvé quelques jolis hauts et les ai essayés dans la cabine d'essayage. Alors que je me regardais dans le miroir, j'ai entendu quelqu'un entrer dans la cabine d'**essayage** à côté de la mienne. J'ai reconnu sa voix comme étant celle d'un de mes collègues de travail.

Supratimo klausimai

1. Kur labiausiai mėgstate saugoti?

2. Kokia yra jūsų mėgstamiausia parduotuvė prekybos centre?

3. Kiek laiko paprastai būnate prekybos centre?

4. Ką manote apie žmones, kurie daug laiko praleidžia prekybos centruose?

5. Ką labiausiai mėgstate veikti prekybos centre?

6. Ar kada nors pirkote ką nors prekybos centre, nors jums to tikrai nereikėjo?

7. Kaip reaguojate, kai prekybos centre pamatote daiktą, kuris jums labai patiktų, bet yra per brangus?

8. Ar kada nors matėte ką nors prekybos centre ir galvojote, kas tai nupirks?

9. Kokia jūsų nuomonė apie žmones, kurie, užuot apžiūrinėję parduotuves, prekybos centre užsiėmę mobiliaisiais telefonais?

Questions de compréhension

1. Où aimez-vous le plus stocker ?

2. Quel est votre magasin préféré dans le centre commercial ?

3. Combien de temps restez-vous habituellement au centre commercial ?

4. Que pensez-vous des personnes qui passent beaucoup de temps au centre commercial ?

5. Quelle est votre activité préférée au centre commercial ?

6. Avez-vous déjà acheté quelque chose au centre commercial alors que vous n'en aviez pas vraiment besoin ?

7. Comment réagissez-vous lorsque vous voyez au centre commercial un article que vous aimeriez vraiment, mais qui est trop cher ?

8. Avez-vous déjà vu quelque chose au centre commercial en vous demandant qui l'achèterait ?

9. Que pensez-vous des personnes qui sont occupées avec leur téléphone portable dans les centres commerciaux au lieu de regarder les magasins ?

Turguje

Šeštadienio rytą atsikeliu anksti, norėdamas nuvykti į **turgų,** kol jame dar nėra per daug žmonių. Apsirengiu ir išeinu pro duris, pakeliui pasiimdama daugkartinio naudojimo maišelius. Eidama pradedu planuoti, ką noriu pagaminti ateinančiai savaitei. Žinau, kad bent kartą noriu **kepti** daržoves, todėl reikės nusipirkti geros kokybės daržovių. Taip pat noriu pasigaminti sriubą arba troškinį, todėl reikės nusipirkti mėsos. Turėsiu pažiūrėti, kas atrodo gerai, kai ten nuvyksiu. Turgus yra tik už kelių kvartalų, ir aš jau matau pastatytus prekystalius ir besibūriuojančius **žmones.**

Atvykstu į turgų ir einu tiesiai prie daržovių stendo. Pasirinkimas gražus, ir aš pripildau savo krepšius įvairiausių **šviežių** produktų. Šiek tiek pabendrauju su ūkininku, ir jis man rekomenduoja keletą receptų. Nekantrauju juos išbandyti. Apsipirkdama šnekuosi su **ūkininkais, susipažįstu** su jais ir jų produktais. Įsigijusi visas man reikalingas daržoves, pereinu į mėsos skyrių. Čia šiek tiek dvejoju, nes nesu tikra, ką noriu įsigyti. Galiausiai nusprendžiu pasirinkti vištieną, nes ji yra universali ir gali būti naudojama įvairiuose patiekaluose. Taip pat perku kelis skirtingus mėsos gabalus, stengiuosi įsigyti žole šeriamos jautienos ir laisvai auginamos **vištienos**. Mėsininkas buvo draugiškas

Au marché

Je me réveille tôt le samedi matin, impatiente de me rendre au **marché** avant qu'il ne soit trop fréquenté. Je m'habille et je sors, en prenant mes sacs réutilisables en chemin. En marchant, je commence à planifier ce que je veux faire pour la semaine à venir. Je sais que je veux faire **rôtir des** légumes au moins une fois, donc je vais devoir acheter des légumes de bonne qualité. Je veux aussi faire une soupe ou un ragoût, et je vais donc devoir acheter de la viande. Je verrai bien ce qui me semble bon quand je serai sur place. Le marché n'est qu'à quelques rues d'ici, et je vois déjà les étals installés et les **gens qui** s'agitent.

J'arrive au marché et me dirige directement vers le stand des légumes. La sélection est magnifique, et je remplis mes sacs d'une variété de produits **frais**. Je discute un peu avec le fermier et il me recommande quelques recettes. J'ai hâte de les essayer. Je discute avec les **agriculteurs** pendant que je fais mes courses, pour apprendre à les connaître et à connaître leurs produits. Après avoir acheté tous les légumes dont j'ai besoin, je passe à la section des viandes. Je suis un peu plus hésitante, car je ne suis pas sûre de ce que je veux acheter. J'opte finalement pour du poulet, car il est polyvalent et peut être utilisé dans de nombreux plats. J'achète également quelques morceaux de

žmogus, visada linksmas, nors dirbo ilgai. Jis suvyniojo mano vištienos krūtinėlę ir kepsnį, o paskui papasakojo apie savo savaitgalio planus. Atsisveikinau su juo ir tęsiau kelionę. Taip pat paėmiau kiaušinių ir sūrio iš pieno produktų skyriaus.

Turguje šurmuliavo žmonės, visi norintys įsigyti šviežių produktų ir mėsos. Ore tvyrojo tirštas česnakų ir svogūnų kvapas, skambėjo juokas ir pokalbiai. Prasiskyniau kelią pro minią, rinkdamasis kitas prekes, kurių man reikėjo savaitiniam apsipirkimui. Prieš eidama prie kasos pripildžiau **krepšelį** vaisių ir daržovių, makaronų ir duonos. Eilė buvo ilga, bet greitai judėjo. Galiausiai buvo nupirkti paskutiniai **maisto produktai ir atėjo** laikas eiti namo. Automobilis buvo pakrautas, o kelionė namo buvo ilga ir varginanti. Eismas buvo intensyvus, o karštis vargino. Galiausiai automobilis įvažiavo į privažiavimą, ir palengvėjimas buvo juntamas. Namuose buvo vėsu ir ramu, tai buvo prieglobstis po turgaus **šurmulio.** Viskas buvo sudėliota, ir netrukus namuose vėl įsivyravo įprasta ramybė ir tyla. Turėjau visko, ko reikėjo, kad galėčiau pasigaminti **skanių** patiekalų sau ir savo šeimai. Buvo gera būti namuose.

viande différents, en veillant à prendre du bœuf nourri à l'herbe et du **poulet** élevé en plein air. Le boucher est un homme sympathique, toujours de bonne humeur malgré ses longues heures de travail. Il a emballé mes blancs de poulet et mon steak avant de me parler de ses projets pour le week-end. Je lui ai dit au revoir et j'ai continué mon chemin. J'ai également acheté des œufs et du fromage au rayon produits laitiers.

Le marché grouille de gens, tous impatients de mettre la **main sur les** produits frais et la viande proposés. L'odeur de l'ail et des oignons flottait dans l'air, et le son des rires et des conversations était omniprésent. Je me suis frayé un chemin dans la foule, en choisissant les autres articles dont j'avais besoin pour mes courses de la semaine. J'ai rempli mon **panier** de fruits et légumes, de pâtes et de pain, avant de me diriger vers la caisse. La file d'attente est longue, mais elle avance rapidement. Enfin, j'ai acheté les dernières **provisions et il est** temps de rentrer à la maison. La voiture est chargée, et le chemin du retour est long et fastidieux. La circulation est dense et la chaleur est accablante. Enfin, la voiture se gare dans l'allée et le soulagement est palpable. La maison était fraîche et calme, et c'était un havre de paix après l'**agitation** du marché. Tout a été rangé, et la maison a rapidement retrouvé sa tranquillité habituelle. J'avais tout ce dont j'avais besoin pour préparer de **délicieux** repas pour moi et pour ma famille. C'était bon d'être chez soi.

Supratimo klausimai

1. Kur asmuo eina?

2. Ką asmuo nori pirkti?

3. Kiek maišelių turi asmuo?

4. Kaip toli yra turgus?

5. Ką asmuo daro dabar?

6. Kas yra viskas rinkoje?

7. Kiek žmonių yra turguje?

8. Kiek laiko užtruko, kol žmogus viską nusipirko?

9. Kaip asmuo grįžo namo?

10. Ką žmogus darė grįžęs namo?

Questions de compréhension

1. Où va la personne ?

2. Que veut acheter la personne ?

3. Combien de sacs la personne possède-t-elle ?

4. A quelle distance se trouve le marché ?

5. Que fait la personne en ce moment ?

6. Que se passe-t-il sur le marché ?

7. Combien y a-t-il de personnes sur le marché ?

8. Combien de temps a-t-il fallu à la personne pour tout acheter ?

9. Comment la personne est-elle rentrée chez elle ?

10. Qu'a fait la personne en rentrant chez elle ?

Kavinėje

Buvo vėsus **rudens** rytas, ir aš buvau susitarusi susitikti su savo drauge Lily mūsų mėgstamoje kavinėje išgerti kavos. Šiltai apsivilkau paltą ir šaliką ir išsiruošiau į kelionę. Nuo medžių krito lapai, oras buvo žvarbokas, bet švietė saulė ir žadėjo gražią dieną. Eidama **galvojau apie tai, kaip** gera turėti tokią draugę kaip Lilė. Draugavome daug metų, nuo tada, kai susipažinome **universitete**. Mus siejo meilė kavai ir laiko leidimas šnekantis kavinėse. Nors dabar gyvenome skirtingose miesto dalyse, vis tiek kartą per savaitę susitikdavome išgerti kavos. Atvykau į kavinę, o Lilė jau ten laukė manęs. Pasisveikinusios apkabinome viena kitą ir užsisakėme kavos. Susiradome staliuką prie lango ir įsitaisėme kalbėtis. **Kava** buvo skani, kaip visada, ir buvo labai malonu pabendrauti su Lily. Kalbėjomės apie savo savaitę, darbą ir ateities planus. Su Lily visada buvo taip lengva kalbėtis, jaučiausi taip, lyg galėčiau jai pasakyti bet ką. Po kurio laiko pradėjome alkti ir **nusprendėme** užsisakyti maisto.

Užsisakėme maisto ir įsitaisėme prie lango. Pro langą švietė saulė, todėl viskas buvo šilta ir džiugu. Valgydami maistą kalbėjomės ir mėgavomės paprastu malonumu būti vienas kito **draugijoje**. Kavinėje buvo daug žmonių, bet ji nesijautė perpildyta. Ore tvyrojo

Dans un café

C'était un matin d'**automne** frisquet, et j'avais donné rendez-vous à mon amie Lily dans notre café préféré pour prendre un café. Je me suis enveloppée chaudement dans mon manteau et mon écharpe et je suis partie. Les feuilles tombaient des arbres et l'air était glacial, mais le soleil brillait et la journée promettait d'être magnifique. Tout en marchant, j'ai **pensé** à quel point c'était bien d'avoir une amie comme Lily. Nous étions amies depuis des années, depuis notre rencontre à l'**université**. Nous nous sommes liées par notre amour du café et du temps passé à discuter dans les cafés. Même si nous vivions dans des quartiers différents de la ville, nous nous retrouvions pour prendre un café une fois par semaine. Je suis arrivé au café, et Lily était déjà là, à m'attendre. Nous nous sommes embrassées et avons commandé nos cafés. Nous avons trouvé une table près de la fenêtre et nous nous sommes installées pour discuter. Le **café** était délicieux, comme toujours, et c'était si agréable de rattraper le temps perdu avec Lily. Nous avons parlé de notre semaine, de nos emplois et de nos projets pour l'avenir. C'était toujours si facile de parler à Lily, et j'avais l'impression que je pouvais tout lui dire. Après un moment, nous avons commencé à avoir faim et **avons décidé** de commander de la nourriture.

ramybės ir pasitenkinimo jausmas. Kai baigėme
valgyti, dar kurį laiką pasėdėjome ir tiesiog mėgavomės
ramia **atmosfera**. Kurį laiką kalbėjomės apie įvairius
dalykus, kurie vyko mūsų gyvenime. Buvo labai malonu
pabendrauti su draugu ir tiesiog **atsipalaiduoti**.
Pro langą švietė saulė, ir atrodė, kad **niekas negali**
sugadinti mūsų tobulos dienos.

Staiga išgirdau garsų trenksmą. Atsisukęs pamačiau,
kad pro lubas iškrito vyras ir guli ant grindų priešais
mus. Jis buvo **apsiklojęs** dulkėmis ir nuolaužomis ir
atrodė be sąmonės. Abu su draugu buvome šokiruoti,
žiūrėdami į ant grindų gulintį vyrą. Nežinojome, ką
daryti ir kam skambinti pagalbos. Tiesiog sėdėjome ir
žiūrėjome į jį, nežinodami, ką daryti. Po kelių minučių
atsitokėjau ir paskambinau į policiją. Operatorė
pasakė, kad netrukus kas nors atvyks. Padėjau ragelį ir
papasakojau draugui, ką pasakė **operatorius**.

Nous avons **commandé notre** nourriture et trouvé un siège près de la fenêtre. Le soleil brillait à travers la fenêtre, rendant le tout chaleureux et joyeux. Nous avons bavardé en mangeant, appréciant le simple plaisir d'être en **compagnie de l'autre**. Le café était occupé, mais il n'y avait pas de foule. Il y avait un sentiment de paix et de satisfaction dans l'air. Après avoir terminé notre repas, nous sommes restés assis un moment de plus, profitant de l'**atmosphère** paisible. Nous avons parlé pendant un moment de différentes choses qui avaient eu lieu dans nos vies. C'était si agréable de rattraper le temps perdu avec mon ami et de **se détendre**. Le soleil brillait à travers la fenêtre, et c'était comme si **rien ne** pouvait gâcher notre journée parfaite.

Soudain, j'ai entendu un grand fracas. Je me suis retourné pour voir qu'un homme avait traversé le plafond et gisait sur le sol devant nous. Il était **couvert** de poussière et de débris et semblait être inconscient. Mon ami et moi étions tous deux sous le choc en regardant l'homme allongé sur le sol. Nous ne savions pas quoi faire ni qui appeler à l'aide. Nous sommes restés assis là, à le regarder, sans savoir quoi faire. Après quelques minutes, je me suis ressaisie et j'ai appelé le 911. L'opérateur m'a dit que quelqu'un arriverait bientôt. J'ai raccroché le téléphone et j'ai raconté à mon ami ce que l'**opérateur avait** dit.

Supratimo klausimai

1. Iš kur atsiranda žmogus, kuris iškrenta pro stogą?

2. Kodėl moteris su draugu yra kavinėje?

3. Kokia yra mėgstamiausia dviejų draugų kavinė?

4. Kiek laiko abu draugai pažįsta vienas kitą?

5. Koks yra mėgstamiausias dviejų draugų gėrimas?

6. Kokiame mieste gyvena du draugai?

7. Kaip dažnai susitinka du draugai?

8. Apie ką kalbasi du draugai, pirmą kartą susitikę savo mėgstamoje kavinėje?

9. Koks yra mėgstamiausias šių dviejų draugų maistas?

10. Kodėl taip lengva kalbėtis su Lily?

Questions de compréhension

1. D'où vient l'homme qui tombe à travers le toit ?

2. Pourquoi la femme est-elle avec son ami dans le café ?

3. Quel est le café préféré des deux amis ?

4. Depuis combien de temps les deux amis se connaissent-ils ?

5. Quelle est la boisson préférée des deux amis ?

6. Dans quelle ville vivent les deux amis ?

7. Combien de fois les deux amis se rencontrent-ils ?

8. De quoi parlent les deux amis lorsqu'ils se rencontrent pour la première fois dans leur café préféré ?

9. Quel est le plat préféré des deux amis ?

10. Pourquoi c'est si facile de parler à Lily ?

Plaukimas

Baseinas visada buvo **gaivi** vieta, ir šiandien buvo
ne kitaip. Švietė saulė, o vanduo atrodė viliojantis.
Giliai įkvėpiau ir pasinėriau į vandenį, jausdama vėsų
vandens glėbį. Kurį laiką plaukiau ratus, mėgaudamasi
mankšta ir galimybe išvalyti galvą. Po kurio laiko
išlipau, nusišluosčiau ir atsisėdau ant rankšluosčio
atsipalaiduoti saulėje. Užmerkiau akis ir leidau
šilumai mane užlieti, pajutau, kaip raumenys pradeda
atsipalaiduoti. Staiga išgirdau šniokštimą, atmerkiau
akis ir pamačiau savo mažąją sesutę, **irkluojančią**
seklumoje. Šyptelėjau ir kurį laiką stebėjau ją, tada
atsistojau ir priėjau prie jos. Šiek tiek pabendravome
ir irklavome kartu, džiaugdamiesi viena kitos draugija.
Netrukus prie mūsų prisijungė tėvai, ir likusią popietės
dalį praleidome kartu plaukiodami ir žaisdami žaidimus.
Visada buvo labai malonu leisti laiką su šeima
baseine. Atrodo, kad buvimas vandenyje **kažkuo**
suartina žmones. Galbūt todėl, kad būdami vandenyje
visi esame lygūs - negalime slėpti savo trūkumų ar
apsimesti tuo, kuo nesame. O gal tiesiog todėl, kad
tai smagu! **Kad ir kokia būtų** priežastis, aš tiesiog
džiaugiausi, kad visi galėjome susirinkti ir pasidžiaugti
vieni kitų draugija tokioje ypatingoje vietoje.

Saulė kepino mano odą, o ore tvyrojo chloro kvapas.

Aller nager

La piscine était toujours un endroit **rafraîchissant**, et aujourd'hui n'était pas différent. Le soleil brillait et l'eau semblait invitante. J'ai pris une profonde inspiration et j'ai plongé, sentant l'étreinte fraîche de l'eau. J'ai fait des longueurs pendant un moment, appréciant l'exercice et la possibilité de me vider la tête. Au bout d'un moment, je suis sorti et me suis séché, puis je me suis assis sur une serviette pour me détendre au soleil. J'ai fermé les yeux et laissé la **chaleur** m'envahir, sentant mes muscles se détendre. Soudain, j'ai entendu une éclaboussure et j'ai ouvert les yeux pour voir ma petite sœur **pagayer dans la** partie peu profonde. J'ai souri et je l'ai regardée pendant un moment, puis je me suis levée et je suis allée vers elle. Nous avons bavardé un peu et pataugé ensemble, appréciant la compagnie de l'autre. Nos parents nous ont bientôt rejoints et nous avons passé le reste de l'après-midi à nager et à jouer ensemble. C'était toujours très agréable de passer du temps avec la famille à la piscine. Il y a **quelque chose** dans le fait d'être dans l'eau qui semble rassembler les gens. Peut-être est-ce parce que nous sommes tous égaux lorsque nous sommes dans l'eau - nous ne pouvons pas cacher nos défauts ou prétendre être ce que nous ne sommes pas. Ou peut-être est-ce simplement parce que c'est amusant ! **Quelle que soit la** raison, j'étais simplement heureuse que nous

Girdėjau, kaip vaikai juokiasi ir pliuškenasi baseine.
Gulėjau ant **poilsio** kėdės šalia baseino, kaitinausi
saulėje ir **mėgavausi** diena. Buvau užmerkęs akis ir
jau ketinau užmigti, kai išgirdau, kad kažkas eina prie
manęs. Atvėriau akis ir pamačiau šalia manęs stovinčią
moterį. Ji vilkėjo bikinį ir buvo apsivyniojusi juosmenį
rankšluosčiu. Ji turėjo ilgus šviesius plaukus ir mėlynas
akis. Rankoje ji laikė buteliuką **kremo nuo saulės.**
"Ar neprieštarausi, jei patepsiu tau nugarą kremu nuo
saulės?" - paklausė ji. "Ne, viskas gerai", - pasakiau
atsisėsdamas, kad ji galėtų pasiekti mano nugarą.
Pajutau, kaip ji tepdama kremo nuo saulės patepė
mano odą.

Jos prisilietimas buvo švelnus, o kremo nuo saulės
kvapas ramino. Vėl užmerkiau akis ir leidau sau
atsipalaiduoti. Girdėjau, **kaip** ji juda, bet akių
neatvėriau. Buvau patenkintas tiesiog gulėdamas
saulėje ir klausydamasis į krantą **atsimušančių** bangų
ošimo. Po kelių minučių ji nuėjo, ir aš atmerkiau akis.
Stebėjau, kaip ji grįžo prie savo poilsio kėdės ir pasiėmė
knygą.

puissions tous nous réunir et profiter de la compagnie des autres dans un endroit aussi spécial.

Le soleil tapait sur ma peau et l'odeur du chlore flottait dans l'air. J'entendais le bruit des enfants qui riaient et barbotaient dans la piscine. J'étais allongée sur une chaise **longue près de la** piscine, profitant du soleil et **de la** journée. J'avais les yeux fermés et j'étais sur le point de m'endormir lorsque j'ai entendu quelqu'un s'approcher de moi. J'ai ouvert les yeux et j'ai vu une femme debout à côté de moi. Elle portait un bikini et avait une serviette enroulée autour de sa taille. Elle avait de longs cheveux blonds et des yeux bleus. Elle tenait une bouteille de **crème solaire** dans sa main. "Ça te dérange si je mets de la crème solaire sur ton dos ?" a-t-elle demandé. "Non, ça va", ai-je répondu, en me redressant pour qu'elle puisse atteindre mon dos. J'ai senti ses mains sur ma peau alors qu'elle appliquait la crème solaire.

Son toucher était doux et l'odeur de la crème solaire était apaisante. J'ai fermé les yeux à nouveau et me suis laissé aller à la détente. Je pouvais entendre le **bruit** de ses mouvements, mais je n'ai pas ouvert les yeux. Je me contentais de rester allongé au soleil, en écoutant le bruit des vagues qui **s'écrasaient** sur le rivage. Après quelques minutes, elle s'est éloignée, et j'ai ouvert les yeux. Je l'ai regardée retourner vers sa chaise longue et prendre son livre.

Supratimo klausimai

1. Kur buvo pasakotojas, kai pradėjo pasakojimą?

2. Kokį kvapą jaučia pasakotojas, kai atveria akis?

3. Ką pasakotojas išgirsta, kai atveria akis?

4. Kieno kremą nuo saulės moteris duoda pasakotojui?

5. Apie ką svajoja pasakotojas?

6. Kodėl pasakotojui maudynės jūroje yra tokios ypatingos?

7.Kaip jaučiasi vanduo, kuriame plaukia pasakotojas?

8. Ką pasakotojas mato išlipęs iš vandens?

9. Ką moteris daro po to, kai patepa pasakotoją kremu nuo saulės?

10. Apie ką pasakotojas ir moteris kalbasi pasakojimo pabaigoje?

Questions de compréhension

1. Où se trouvait le narrateur lorsqu'il a commencé l'histoire ?

2. Que sent le narrateur lorsqu'il ouvre les yeux ?

3. Qu'entend le narrateur lorsqu'il ouvre les yeux ?

4. A qui la femme donne-t-elle de la crème solaire au narrateur ?

5. De quoi le narrateur rêve-t-il ?

6. Pourquoi la baignade dans la mer est-elle si spéciale pour le narrateur ?

7. quelle est la sensation de l'eau dans laquelle nage le narrateur ?

8. Que voit le narrateur quand il sort de l'eau ?

9. Que fait la femme après avoir mis la crème solaire sur le narrateur ?

10. De quoi le narrateur et la femme parlent-ils à la fin de l'histoire ?

Vejos pjovimas

Vasaros **šeštadienis**, 10 val. ryto, ir saulė jau negailestingai kepina. Eini į garažą pasiimti vejapjovės ir jautiesi tarsi **pasmerktas** sunkiam darbui. Pradedate pjauti veją, stengdamiesi važiuoti lėtai, kad nepraleistumėte nė vienos vietos. Pjaudami galvojate, kaip gera būti lauke, gryname ore. Kai pradedate stumdyti vejapjovę pirmyn ir atgal per veją, **akies** krašteliu pamatote kaimyną. Palinkčiojate ir pasisveikinate, o jis jums atsako.

Po kelių minučių baigsite ir nueisite pas kaimyną į sodą išgerti alaus. **Puiki** diena - ne per karšta, pučia švelnus vėjelis. Sėdite medžio pavėsyje, gurkšnojate alų ir šnekučiuojatės su kaimynu. Tokios dienos priverčia vertinti vasarą. Tuomet **einate** į vidų išgerti užtarnauto alaus. Atsisėdate ant kėdės verandoje ir atplėšiate skardinę, patenkintas atsikvėpdamas. Žoliapjovės garsas nutyla, o jūs atsipalaiduojate pavėsyje ir mėgaujatės akimirkos **ramybe.** Po sunkaus darbo karštyje alaus skonis itin geras. Jau ketinau eiti į vidų, kai išgirdau triukšmą šalia.

Atrodė, kad kažkas verkia. Nustojau pjauti ir priėjau prie mūsų kiemus skiriančios tvoros. Pasižiūrėjau ir pamačiau kaimynę, ponią Džonson, verkiančią ant

Tonte de la pelouse

Il est 10 heures du matin, un **samedi d'**été, et le soleil tape déjà sans pitié. Vous vous frayez un chemin jusqu'au garage pour aller chercher la tondeuse à gazon, avec l'impression d'être **condamné** aux travaux forcés. Vous commencez à tondre la pelouse, en veillant à aller doucement pour ne pas manquer d'endroits. Pendant que vous tondez, vous pensez à tout le bien que cela fait d'être dehors à l'air frais. Alors que vous commencez à pousser la tondeuse d'avant en arrière sur la pelouse, vous apercevez votre voisin du coin de l'œil. Vous lui faites signe et lui dites bonjour, et il vous répond.

Après quelques minutes, vous avez terminé, et vous vous rendez chez votre voisin pour prendre une bière avec lui dans le jardin de devant. C'est une journée **parfaite**, il ne fait pas trop chaud et une légère brise souffle. Vous êtes assis à l'ombre de l'arbre, sirotant votre bière et discutant avec votre voisin. Ce sont des jours comme celui-ci qui vous font apprécier l'été. Puis vous rentrez à l'intérieur pour prendre une bière bien méritée. Vous vous installez sur une chaise sous le porche et ouvrez la canette, en poussant un soupir de satisfaction. Le bruit de la tondeuse s'estompe et vous vous détendez à l'ombre, profitant de la **tranquillité**

verandos sūpynių. Šaukiau ją, bet ji manęs negirdėjo. Perlipau per tvorą ir priėjau prie jos. "Ponia Džonson, ar jums viskas gerai?" Paklausiau. Ji pažvelgė į mane su ašaromis akyse ir papurtė galvą. "Ne, man ne viskas gerai", - pasakė ji. "Vakar mirė mano katė." Buvau sukrėsta. Nežinojau, ką atsakyti. Tiesiog nejaukiai stovėjau, nežinodama, ką daryti. Galiausiai uždėjau jai ranką ant **peties** ir pasakiau: "Man labai gaila, ponia Džonson. Jei galiu kuo nors padėti, praneškite man. " Ji papurtė galvą ir pasakė: "Ne, niekas **nieko negali** padaryti". Tuomet ji atsistojo ir nuėjo į savo namų vidų. Akimirką stovėjau nežinodamas, ką daryti. Tada grįžau prie vejos pjovimo. Baigdamas pjauti negalėjau negalvoti apie ponią Džonson ir jos katę.

du moment. La bière a un goût extra bon après tout ce dur travail dans la chaleur. J'étais sur le point de rentrer quand j'ai entendu un bruit à côté.

On aurait dit que quelqu'un pleurait. J'ai arrêté de tondre et j'ai marché jusqu'à la clôture qui séparait nos jardins. J'ai jeté un coup d'œil par-dessus et j'ai vu ma voisine, Mme Johnson, pleurer sur sa balançoire sous le porche. Je l'ai appelée, mais elle ne m'a pas entendue. J'ai escaladé la clôture et j'ai marché jusqu'à elle. "Mme Johnson, vous allez bien ?" J'ai demandé. Elle a levé les yeux vers moi, les larmes aux yeux, et a secoué la tête. "Non, je ne vais pas bien", a-t-elle dit. "Mon chat est mort hier." J'étais choquée. Je n'ai pas su quoi dire. Je suis restée là, maladroitement, sans savoir quoi faire. Finalement, j'ai posé ma main sur son **épaule** et j'ai dit : "Je suis vraiment désolée, Mme Johnson. Si je peux faire quelque chose pour vous aider, faites-le moi savoir". "Elle a secoué la tête et a dit : "Non, il **n'y a rien que** personne ne puisse faire". Puis elle s'est levée et est entrée dans sa maison. Je suis resté là un moment, ne sachant pas quoi faire. Puis je suis retourné tondre ma pelouse. En terminant, je n'ai pu m'empêcher de penser à Mme Johnson et à son chat.

Supratimo klausimai

1. Kiek valandų?

2. Kur asmuo pjauna?

3. Kaip žmogus jaučiasi?

4. Kodėl žmogus turi pjauti lėtai?

5. Koks oras?

6. Ką žmogus daro po šienavimo?

7. Ką žmogus išgirsta prieš grįždamas namo?

8. Kas yra su ponia Džonson?

9. Kodėl ponia Johnson verkia?

10. ką asmuo sako poniai Džonson?

Questions de compréhension

1. Quelle heure est-il ?

2. Où se trouve la personne qui tond ?

3. Comment la personne se sent-elle ?

4. Pourquoi la personne doit-elle tondre lentement ?

5. Quel est le temps qu'il fait ?

6. Que fait la personne après avoir fauché ?

7. Qu'entend la personne avant de rentrer chez elle ?

8. Qui est avec Mme Johnson ?

9. Pourquoi Mme Johnson pleure-t-elle ?

10. Que dit la personne à Mme Johnson ?

Kirpimas

Jau kelias savaites norėjau kirptis, bet vis atidėliodavau. Tačiau artėjant **Kalėdoms** žinojau, kad nebegalėsiu ilgiau atidėlioti. Nenorėjau ateiti į šeimos kalėdinę vakarienę atrodydama kaip susivėlusi. Taigi ankstyvą Kalėdų rytą nuėjau į saloną. Nors buvo anksti, salone jau buvo daug žmonių, kurie švenčių proga **darėsi** šukuosenas. Užėmiau vietą eilėje ir laukiau savo eilės. Pagaliau atėjo mano eilė į kėdę. Stilistė, draugiška moteris, vardu Jill, paklausė, ko noriu. "Tik pakirpti, nieko labai drastiško", - atsakiau. Džilė ėmėsi darbo ir nukirpo mano plaukus. Jai dirbant pradėjau atsipalaiduoti. Buvo gera pagaliau pasirūpinti savimi. Pastaruoju metu buvau tokia užsiėmusi, rūpinausi visais kitais, kad savo poreikius palikau nuošalyje. Bet **dabar taip** nebėra. Nuo šiol ketinau skirti laiko sau.

Kai Jill baigė, pažvelgiau į veidrodį ir likau patenkinta tuo, ką pamačiau. Mano plaukai atrodė tvarkingi ir išpuoselėti - puikiai tiko šventiniams susitikimams. **Padėkojau** Jill ir pasižymėjau, **kad** grįžčiau dažniau. Nuo šiol pirmiausia rūpinsiuosi savimi. Ji ėmėsi darbo ir nukirpo mano plaukus. Pagalvojau, kokia esu dėkinga, kad pagaliau pasiryžau kirptis. Buvo gera žinoti, kad per Kalėdų **vakarienę** atrodysiu išvaizdžiai. Daugiau nebereikės jaudintis, kad šeima erzins mane dėl mano

Se faire couper les cheveux

Cela faisait des semaines que je voulais me faire couper les cheveux, mais j'arrivais toujours à remettre ça à plus tard. Mais à l'approche de **Noël, je** savais que je ne pouvais plus attendre. Je ne voulais pas me présenter au dîner de Noël de ma famille avec une coiffure débraillée. Alors, tôt le matin de Noël, je me suis rendue au salon. Même s'il était tôt, le salon était déjà occupé par d'autres personnes qui **se faisaient** coiffer pour les fêtes. J'ai pris ma place dans la file d'attente et j'ai attendu mon tour. Enfin, c'était mon tour sur la chaise. La styliste, une femme sympathique nommée Jill, m'a demandé ce que je voulais. "Juste une coupe, rien de trop radical", ai-je répondu. Jill s'est mise au travail, coupant mes cheveux. Pendant qu'elle travaillait, j'ai commencé à me détendre. C'était bon de prendre enfin soin de moi. J'avais été tellement occupé ces derniers temps, à courir partout pour m'occuper de tout le monde, que j'avais laissé mes propres besoins de côté. Mais plus **maintenant**. A partir de maintenant, j'allais prendre du temps pour moi.

Lorsque Jill a terminé, je me suis regardée dans le miroir et j'étais ravie de ce que je voyais. Mes cheveux étaient soignés et polis, parfaits pour les fêtes de fin d'année. J'ai **remercié** Jill et j'ai noté **mentalement** de "netašytos" išvaizdos. Po kelių minučių stilistas baigė kirpti mano plaukus ir greitai juos išdžiovino. Pažvelgiau į veidrodį ir buvau patenkinta tuo, ką pamačiau - švariai kirpta išvaizda, kuri puikiai tiks Kalėdų vakarienei. Dabar, kai šukuosena jau buvo baigta, galėjau susitelkti į tai, kad galėčiau mėgautis švente su šeima. Už tai buvau dar dėkingesnė.

Jaučiausi labai **laisvai ir** man patiko, kaip atrodė mano nauja šukuosena. Sumokėjusi už kirpimą, grįžau namo ir pradėjau pakuotis daiktus į kelionę. **Negalėjau** sulaukti, kada galėsiu parodyti savo naują išvaizdą šeimai ir draugams. Žinojau, kad jie nustebs mane pamatę. Skrydžio dieną į oro uostą atvykau turėdama daug laisvo laiko. Be problemų praėjau saugumo patikrą ir netrukus jau buvau pakeliui. Vos tik pasiekiau kelionės tikslą, pajutau ore tvyrantį jaudulį. Kalėdos neabejotinai tvyrojo ore! Oro uoste manęs pasitiko mano šeima, kuri buvo nustebusi dėl mano naujos šukuosenos.

revenir plus souvent. À partir de maintenant, je prendrai soin de moi d'abord et avant tout. Elle s'est mise au travail en coupant mes cheveux. J'ai pensé à combien j'étais reconnaissante d'avoir enfin pris le temps de me faire couper les cheveux. Je me sentais bien de savoir que j'allais être présentable pour le **repas de** Noël. Je n'aurais plus à m'inquiéter des taquineries de ma famille sur mon apparence "débraillée". Après quelques minutes, le coiffeur a fini de me couper les cheveux et m'a fait un rapide brushing. Je me suis regardé dans le miroir et j'étais heureux de ce que je voyais - un look propre qui serait parfait pour le dîner de Noël. Maintenant que ma coupe de cheveux était terminée, je pouvais me concentrer sur les vacances avec ma famille. Et j'en étais encore plus reconnaissante.

Je me suis sentie tellement **libérée** et j'ai adoré le look de ma nouvelle coupe de cheveux. Après avoir payé ma coupe, je suis rentrée chez moi et j'ai commencé à faire mes bagages pour mon voyage. **J'avais hâte** de montrer mon nouveau look à ma famille et à mes amis. Je savais qu'ils seraient surpris en me voyant. Le jour de mon vol, je suis arrivée à l'aéroport avec beaucoup de temps devant moi. J'ai passé le contrôle de sécurité sans problème et j'ai rapidement pris la route. Dès que je suis arrivé à destination, j'ai senti l'excitation dans l'air. Il y avait vraiment de l'air pour Noël ! Ma famille était là pour m'accueillir à l'aéroport, et ils étaient tous étonnés de ma nouvelle coupe de cheveux.

Supratimo klausimai

1. Ką pagrindinis veikėjas turėjo nuveikti iki Kalėdų?

2. Kaip veikėja jautėsi rūpindamasi savimi?

3. Kas kirpo veikėjo plaukus?

4. Kodėl veikėjos šeima ketino ją erzinti?

5. Kaip pagrindinė veikėja jautėsi po to, kai nusikirpo plaukus?

6. Ką veikėja darė nusikirpusi plaukus?

7. Kokia buvo pagrindinės veikėjos šeimos reakcija į jos šukuoseną?

8. Ką veikėjas veikė Kalėdų išvakarėse?

9. Kuo veikėjo patirtis buvo ypatingesnė?

10. Kas nutiktų, jei pagrindinis veikėjas nenusikirptų?

Questions de compréhension

1. Que devait faire le protagoniste avant Noël ?

2. Que pense la protagoniste du fait de prendre soin d'elle ?

3. Qui a taillé les cheveux du protagoniste ?

4. Pourquoi la famille de la protagoniste allait-elle se moquer d'elle ?

5. Qu'a ressenti la protagoniste après s'être fait couper les cheveux ?

6. Qu'a fait la protagoniste après s'être fait couper les cheveux ?

7. Quelle a été la réaction de la famille de la protagoniste à sa coupe de cheveux ?

8. Qu'a fait le protagoniste la veille de Noël ?

9. Qu'est-ce qui a rendu l'expérience du protagoniste plus spéciale ?

10. Que se passerait-il si le protagoniste ne se faisait pas couper les cheveux ?

Parkas

Saulė leidosi, o parkas buvo tuščias. Sėdėjau ant suoliuko ir laukiau **draugo**. Buvome suplanavusios čia susitikti prieš valandą, bet ji visada vėluodavo. Kai jau ketinau pasiduoti ir eiti namo, pamačiau ją bėgančią link manęs.

"Man labai gaila, - dūsavo ji, kai pasiekė suoliuką. "Mano traukinys **vėlavo.**"

"Viskas gerai", - pasakiau **atlaidžiai**. "Ką tik atvažiavau."

Sėdėjome ir kurį laiką kalbėjomės, pasakodami apie vienas kito gyvenimą nuo paskutinio susitikimo. Pokalbis vyko **lengvai,** ir atrodė, kad nuo paskutinio pasimatymo nepraėjo nė kiek laiko. Saulei nusileidus atsisveikinome ir išėjome savais keliais. Kitą kartą susitikome kitame parke. Ji ir vėl vėlavo, bet aš tam neprieštaravau. Buvo malonu turėti žmogų, su kuriuo galėčiau pasikalbėti ir kuris mane **suprastų.** Kalbėjomės apie savo svajones ir **siekius, apie** tai, ką norėtume nuveikti gyvenime. Ji papasakojo apie savo planus keliauti po pasaulį, o aš papasakojau apie savo svajonę tapti rašytoju. Saulei nusileidus dar vieną dieną, mes dar kartą atsisveikinome, pažadėję šį kartą palaikyti ryšį.

Bėgo metai, o mūsų **draugystė** išliko tvirta, nors dabar gyvenome skirtingose šalies dalyse. Palaikėme ryšį

Le parc

Le soleil se couchait, et le parc était vide. Je me suis assise sur un banc, attendant mon **amie**. Nous avions prévu de nous retrouver ici il y a une heure, mais elle était toujours en retard. Au moment où j'allais abandonner et rentrer chez moi, je l'ai vue courir vers moi. "Je suis vraiment désolée", a-t-elle haleté en atteignant le banc. "Mon train a été **retardé**." "C'est bon", ai-je dit **avec indulgence**. "Je viens juste d'arriver." Nous nous sommes assis et avons bavardé pendant un certain temps, prenant des nouvelles de la vie de chacun depuis notre dernière rencontre. La conversation était fluide **et nous avions** l'impression que le temps n'avait pas passé depuis notre dernière rencontre. Au coucher du soleil, nous nous sommes dit au revoir et avons pris des chemins différents. La fois suivante, c'était dans un autre parc. Encore une fois, elle était en retard, mais ça ne m'a pas dérangé. C'était agréable d'avoir quelqu'un à qui parler et qui me **comprenait**. Nous avons parlé de nos rêves et de nos **aspirations**, des choses que nous voulions faire de nos vies. Elle m'a parlé de son projet de voyager dans le monde entier, et j'ai partagé mon rêve de devenir écrivain. Alors que le soleil se couchait sur un autre jour, nous nous sommes dit au revoir une fois de plus, en promettant de rester en contact cette fois-ci.

laiškais ir retkarčiais skambindami telefonu, dalydamiesi naujienomis apie savo gyvenimą. Kai ji pranešė, kad ketina ištekėti, **nenustebau -** ji visada buvo **nuotykių mėgėja**. Bet kai ji manęs paklausė, ar būčiau jos pamergė vestuvių ceremonijoje, kuri vyko pusę pasaulio nuo mano gyvenamosios vietos... reikėjo įtikinėti! Galiausiai negalėjau leisti savo geriausiai draugei ištekėti be manęs šalia, todėl, nepaisydama savo baimių (ir po ilgų jos maldavimų!), **sutikau** vykti kartu ir **patirti, kaip paaiškėjo,** gyvenimo **nuotykį.**

Pagaliau atėjo **vestuvių** diena. Nervinausi, bet džiaugiausi galėdama dalyvauti tokioje svarbioje draugės gyvenimo akimirkoje. Ceremonija buvo graži, ir ji atrodė laiminga, kai sakė įžadus. **Po vestuvių** surengėme didžiulį vakarėlį - atrodė, kad visi jos pažįstami atvyko švęsti kartu su ja! Tai buvo **stebuklinga** diena, kurios niekada nepamiršiu, o mūsų draugystė po šio nuotykio tik sustiprėjo. Dabar, praėjus daugeliui metų, vis dar palaikome ryšį. Nuo tada, kai susipažinome, abi labai **pasikeitėme,** tačiau mūsų draugystė kaip niekada stipri.

Les années ont passé, et notre **amitié** est restée
forte, même si nous vivions désormais dans des
régions différentes du pays. Nous sommes restés en
contact par des lettres et des appels téléphoniques
occasionnels, partageant les nouvelles de nos vies
respectives. Lorsqu'elle a annoncé qu'elle allait se
marier, je n'ai pas été **surpris** - elle avait toujours été
du genre **aventureux**. Mais lorsqu'elle m'a demandé
si j'accepterais d'être sa demoiselle d'honneur à
la cérémonie de son mariage qui se déroulait à
l'autre bout du monde, loin de chez moi... il a fallu
la convaincre ! En fin de compte, je ne pouvais pas
laisser ma meilleure amie se marier sans moi à ses
côtés, alors malgré mes craintes (et après qu'elle m'ait
beaucoup suppliée !), j'ai **accepté de participer à** ce
qui s'est avéré être l'**aventure** de ma vie.

Le jour du **mariage** est enfin arrivé. J'étais nerveux,
mais excité de faire partie d'un moment si important
dans la vie de mon amie. La cérémonie était
magnifique, et elle avait l'air heureuse en prononçant
ses vœux. **Ensuite,** nous avons fait une grande fête
- on aurait dit que tous ses proches étaient venus
célébrer avec elle ! C'était un jour **magique** que
je n'oublierai jamais, et notre amitié n'a fait que se
renforcer après cette aventure. Aujourd'hui, des années
plus tard, nous restons toujours en contact. Nous avons
toutes deux beaucoup **changé** depuis notre première
rencontre, mais notre amitié est plus forte que jamais.

Supratimo klausimai

1. Kur autorė ir jos draugas pirmą kartą susitiko?

2. Kodėl autoriaus draugas pavėlavo į susitikimą?

3. Apie ką draugai kalbėjosi, kai po metų vėl susitiko?

4. Kaip autorė jautėsi dalyvaudama draugės vestuvių ceremonijoje?

5. Apibūdinkite vestuvių ceremonijos aplinką.

6. Kaip laikui bėgant keitėsi šių dviejų moterų draugystė?

7. Kokia yra autoriaus svajonė?

8. Kur planuoja keliauti autoriaus draugas?

9. Kodėl autorė nedrįso dalyvauti draugės vestuvių ceremonijoje?

Questions de compréhension

1. Où l'auteur et son ami se sont-ils rencontrés pour la première fois ?

2. Pourquoi l'ami de l'auteur était-il en retard à leur réunion ?

3. De quoi les amis ont-ils parlé lorsqu'ils se sont retrouvés des années plus tard ?

4. Qu'a ressenti l'auteur en assistant à la cérémonie de mariage de son amie ?

5. Décrivez le cadre de la cérémonie de mariage.

6. Comment l'amitié entre les deux femmes a-t-elle évolué au fil du temps ?

7. Quel est le rêve de l'auteur ?

8. Où l'ami de l'auteur prévoit-il de voyager ?

9. Pourquoi l'auteur a-t-elle hésité à assister à la cérémonie de mariage de son amie ?

www.ingramcontent.com/pod-product-compliance
Lightning Source LLC
Chambersburg PA
CBHW072230150726
48002CB00005B/2025